货币、银行与国家

[美] 理查德·M. 埃贝林 著　马俊杰 译

海南出版社
·海口·

Monetary Central Planning and the State
By Richard M. Ebeling
Copyright © 2015
All rights reserved. No portion of this book may be reproduced without written permission from the publisher except by a reviewer, who may quote brief passages in connection with a review.
中文简体字版权 © 2018 海南出版社

版权合同登记号：图字：30-2018-119 号

图书在版编目（CIP）数据

货币、银行与国家 /（美）理查德·M.埃贝林(Richard M. Ebeling) 著；马俊杰译 .—— 海口：海南出版社, 2024.8

书名原文：Monetary Central Planning and the State

ISBN 978-7-5730-1276-0

Ⅰ.①货… Ⅱ.①理… ②马… Ⅲ.①金融学–研究 Ⅳ.① F830

中国国家版本馆 CIP 数据核字 (2023) 第 160542 号

货币、银行与国家
HUOBI、YINHANG YU GUOJIA

作　　者：	［美］理查德·M.埃贝林
译　　者：	马俊杰
责任编辑：	闫　妮
执行编辑：	于同同
封面设计：	WONDERLAND Book design 仙德 QQ:344581934
责任印制：	杨　程
印刷装订：	三河市祥达印刷包装有限公司
读者服务：	唐雪飞
出版发行：	海南出版社
总社地址：	海口市金盘开发区建设三横路 2 号
邮　　编：	570216
北京地址：	北京市朝阳区黄厂路 3 号院 7 号楼 101 室
电　　话：	010-87336670　010-87309902
电子邮箱：	hnbook@263.net
经　　销：	全国新华书店
版　　次：	2024 年 8 月第 1 版
印　　次：	2024 年 8 月第 1 次印刷
开　　本：	880 mm × 1 230 mm　1/32
印　　张：	9.25
字　　数：	210 千字
书　　号：	ISBN 978-7-5730-1276-0
定　　价：	59.00 元

【版权所有，请勿翻印、转载，违者必究】
如有缺页、破损、倒装等印装质量问题，请寄回本社更换。

推荐序

诚实货币的逻辑

奥地利学派创始人门格尔认为，大量的社会制度并非源于某种既定的意图。它们不是由社会成员协议设立或明确立法的结果。它们可以被归为"自然"产品，是历史发展的非意图的结果。这些社会制度包括货币、法律、语言、市场、社区和国家。门格尔指出，货币制度极大地增加了民众的福利，但在很多国家，它并不是根据某种协定被创建出来的，也不是明确立法的产物。也就是说，货币制度的出现，不是人为设计的结果，而是历史发展的非意图的结果，更确切地说，是很多人的行动的非意图的结果。因此，最早的货币制度是哈耶克所指的自发秩序，即它是"人的行动而非人为设计的产物"。这里门格尔讲到的"'自然'产品"，实际上是哈耶克所指的自发秩序。最早的货币制度作为自发秩序，并非与人的行动无关，而恰恰与很多人的非意图的行动有关，但这种自发秩序是"理性不及"（nonrational）的，也就是说，它不是由某个人的理性设计出来的，也不是某个人可以通过确立具体目标和配置具体手段来有意建立的。正如邓正来老师所言，理性不及不同于理性（rational），也不同于非理性（irrational）。

有人会说，很多国家的货币是由政府以立法等手段确立的，比如新中国的货币就是如此。他们因此否认最初的货币制度是自发秩序。实际上，早在国家出现之前社会就已经存在了，那时社会中已经出现了货币。也有人说，一些货币是最初某位国王为筹集战争经费而交给大臣、贵族的借条，属于债务凭证，其结论也是货币是人为设计的产物而非自发秩序。但是带有文字或数字符号的借条出现的时间显然比较晚，远远晚于最初交换发生的时间。人们推测，在借条出现之前已经存在某种较为一般的交换媒介，作为借条所借数量大小的某种衡量尺度。而正如米塞斯所言，货币最基本的职能恰恰是充当一般交换媒介。其他货币职能恰恰派生自这个最基本的职能。现代考古发现，人们能够找到的有文字凭证的最早的货币是以国王借条的形式出现的，但这并不能推翻国王借条出现前就存在货币作为一般交换媒介的合理推论。而且，正如黄春兴教授所说的，古时候记录交换的成本较高，人们对于简单的交换一般不做记录。这可能是早期货币缺乏文字记录的一大原因。太平洋雅浦岛上流行使用石币，制造这种货币的材料是人们从遥远的岛屿开采、凿制和搬运而来的，这些石币形状巨大，当中穿孔，只用作货币。然而，那里的先人在启用石币之前，心中已经有了作为一般交换媒介的货币概念，已经接触过类似于作为一般交换媒介的货币的东西。

国内学界一般习惯于将货币定义为一般等价物（general

equivalent），这是有问题的。一般等价物的概念意味着将货币视为一种价值尺度。但是，米塞斯认为，经济在不断发生变化，货币也在不断变化，人们对经济财货和货币的主观价值评估也在不断变化。货币的使用价值（将其直接作为一般用品使用所带来的价值）和交换价值（将其用于交换所带来的价值）都是个人化的，服从于个人的主观价值评估，而货币的"客观交换价值"，也就是货币与一般财货交换时形成的实际价值，也是不断变动的。因此，货币的价值是不稳定的，难以充当价值尺度。言外之意，货币也难以充当一般等价物。进一步而言，即便按照某一货币价格达成交易，买方和卖方也都会觉得自己的所得大于自己所失——这也是交易达成的必要条件。这说明，直接交换或者借助货币的间接交换的发生，是因为买方和卖方对其所得与所失均有不等价的主观评估，他们都认为自己是赚的，所得大于所失。他们肯接受一个交换价格，是因为这个交换价格处于买者和卖者（主观评估后）各自可接受的价格区间的交叠部分。

如果细究，最早充当一般交换媒介的货币一般是特殊的商品货币（即本身就是流通中的商品），尤其是贵金属货币，它们可以按其精准衡量的商品数量在直接交换和间接交换中充当媒介，甚至具有使用价值。比如黄金和白银，它们既可以成为商品货币，发挥其交换价值，也可以被制成首饰而具有使用价值。黄金和白银容易分割，也容易携带，这也增强了其充当一般交换媒介的能力。其他种类的商品，比如羊，最初也充当过交换媒介，但不是一般交换媒介，其充当一般交换媒介的能力远不如贵金属。

最早的货币，属于本身就融入商品流的商品（commodity）、财货（good）或亚当·斯密所言的资材（stock），比如牲畜、盐、稀有的贝壳、珍稀鸟类的羽毛、宝石、沙金、特殊的石头。中国境内发现的最早的货币是贝壳。最早的货币不是从外部"钻入"经济的，也不是由某人通过理性设计出来的，而是作为商品、财货或"资材"本来就包含在经济体系之中。由于直接交换存在很大的局限性，因此人们需要间接交换，这就需要选择某种财货作为交换媒介。交换媒介越是一般化，使用范围越广，人们在扩大对它的使用过程中的受益就越大，这又反过来促进这一财货成为一般交换媒介，这种效应就叫"网络效应"。斯密在《国富论》里指出，交换的本质是用商品交换商品，间接交换也是一样，货币也作为一种特殊商品充当一般交换媒介。"交换的本质属于用商品交换商品"这一洞见为古典经济学家所接受，这一点也至关重要，这一结论到目前仍然不容置疑。现代的钞票作为法币进入流通，表面上看属于"商品交换商品"的范畴，但事实上不是。纸币不符合古典经济学家在这里所指的"商品"。纸币是"法定支付工具"，它上面印着法定发行机构和特定面值，但不承诺可以兑回一定数量的贵金属或其他一般商品。欧美现代中央银行的纸币发行存在着严重的问题：一是这些银行对货币发行权实行行政垄断。二是它们发行的纸币不承诺可兑回一定数量的贵金属或其他一般商品。三是这种货币的内在机制就是货币的持续贬值。欧美国家中央银行的货币发行或多或少以盯住某个通胀率为目标，即为了维护某种"价格水平（随着时间的推移，价格会上涨）"，其结果就是政策运作成为导致通货膨胀的因素之一。四是其他机制进一步助长货币的贬值，体现为机构治理失灵。中央银行发行纸币，一般是通过买进商业银行等机构持有的债券，其中主要是后者购入的、财政部发行的国债。由于缺乏财政债务规则约束和货币规则约束，国债发行规模越来越大，银行部门购入的国债越来越多，中央银行通过购入商业银行等机构持有的国债而发行的纸币也越来越多。其结果与直接从财政部购入国债差不多，银行部门只是起到背书和中介作用。整个运作体现出相关机构的治理失灵。

过去的商品货币本身就已融入商品流里面，在作为一般商品存在的同时，还扮演作为特殊商品的货币角色。这种商品货币体现了诚信原则，符合自然正义的要求。斯密支持由商业银行发行货币，也就是自由银行业。斯密当时所在的英格兰和苏格兰存在众多的私人商业银行，这些银行都有自己的金银铸币，它们以金银铸币为基础发行期票，这些期票就是钞票。这些商业银行的动力不是发行越来越多的钞票，而是把发行钞票的数量控制在一定的范围内。原则上最让人放心的钞票发行方式是有多少铸币就发行多少钞票。但实际上，钞票的发行量一般为已经发行的金银铸币金额的数倍，银行要准备随时应付兑回铸币的要求，它们会主动回收部分流通中的钞票，否则会有很多钞票持有者找上门来，要求用钞票换回金银铸币，那就会造成挤兑或导致银行倒闭。这就形成了一个非常自然的货币稳定机制。金银铸币作为纸币发行的准备，并作为诚实货币，能够"钻入"经济体系，进入流通领域。

欧美国家现代中央银行的纸币体系属于不承诺兑换一定数量重金属、其他货币或资产的体制，其操作是"不诚实货币"操作，属于不义操作：中央银行发行法定纸币，并用其换取财政部发行的国库券，然后合力对经济注水；货币扩张政策和财政扩张政策越多，政府负债水平越高，货币膨胀越严重（这里指通货和广义货币的数量的增加），货币贬值就越严重。欧美国家现代中央银行的法定纸币作为不诚实货币"钻入"了经济体系。欧美国家现代中央银行对法定货币运作的要求是反行政垄断，反欺诈。法定纸币一出台，就需要发行者承诺可兑换某一数量的其他货币或商品，并提供相应的准备。哈耶克专门讨论过大宗商品准备货币，是指以一篮子多种大宗商品作为准备而发行的货币，这也是诚实货币。中央银行或私人商业银行原则上都可以发行大宗商品准备货币。在这种体制下，斯密时代的自然币值稳定机制仍然在发挥作用。

上述对诚实货币逻辑的分析，并不排斥私人加密数字货币进入流通领域。私人加密数字货币实际上也作为商品出现于经济领域，采取"创新产品"的形式。私人加密数字货币之所以会"钻入"经济体系之中，是因为一些消费者用别的商品或者货币来换取它，其价值不是由这些最初换取它的消费者的出价决定的，而是取决于所有市场主体对它的使用价值和交换价值的主观判断。私人加密数字货币中的一些良币，其发行和流通符合诚实货币的逻辑，也遵守了休谟正义三原则：持有的稳定性、基于同意的让渡和信守承诺。比如比特币和以太币就是如此。USDT（泰达币）也是如此——它是一种稳定币和代币，基于足额的美元准备发行，1USDT等于1美元，发行者提供1美元的货币准备。只要私人加密数字货币以诚实商品的形式存在，发挥诚实货币的作用，市场供求双方就会自行决定这些数字货币的价值。当然，现阶段它们作为交换媒介的普遍性还有限，未来随着认可程度、规范程度的提升，扩大其作为交换媒介的普遍性应该问题不大。关键在于其发行和流通环节不存在欺诈行为，比如不存在虚假宣传发行数量或发行机制导致其失去诚实商品和诚实货币的性质。某些数字货币属于劣币，其发行量过大，实际流通量则不大，这种币的大部分被发行者控制着，发行者夸大流通交易量，实际上主要通过内部对倒的方式放大累计发行量，使交易价格虚高。这种发行和流通机制不合理、不透明、可被操控，最终不被用户看好。这种数字货币最终很有可能跌得一文不值。

  总之，诚实的货币需要作为商品货币发挥作用（即本身就是商品），或者基于足额准备发行，或者要求发行者承诺可兑回一定数量的其他货币或者商品，或者遵循休谟正义三原则，通过公平交换引入流通领域并维持流通（如私人加密数字货币）。脱离这些要求，货币就是不诚实货币，其发行就容易成为不义之举。

冯兴元

2022 年 6 月

序　言

货币银行制度与现代金融的脆弱性

金融基础理论涉及三个方面：货币、信用及利息理论。三者紧密相关，而货币是其中最基础和关键的一个方面。因此，货币银行制度是根本的金融制度。

有关货币的论著可谓浩如烟海，相关学说众多。不要说常人难以厘清货币的本质，不少经济学家，甚至顶级金融专家，都自叹"不识庐山真面目"。

由于货币金融理论的庞杂，人类至今未能摆脱金融危机的桎梏。2007—2008年的金融危机以及随之而来的大衰退就是很好的例证。鉴于此，英格兰银行前行长默文·金（Mervyn King）在2016年也忍不住说，当前的货币银行制度是"炼金术"，人类应终止这种"金融炼金术"。

事实上，始终有一小批人能够预见金融危机，并知晓避免危机之道。他们是古典自由主义的继承人，由于历史的机缘，他们现在常常被称为"奥地利学派经济学家"。这本书的作者理查德·M.埃贝林就是这样一位经济学家。

埃贝林是美国塞特多大学"商业道德和自由企业领导力"项目的杰出教授。他曾任诺斯伍德大学经济学教授、美国经济学教育基金会（FEE）主席（2003—2008）、密歇根希尔斯代尔学院（Hillsdale College）经济学教授（1988—2003）、自由未来基金会（The Future of Freedom Foundation）学术事务副主席（1989—2003）。他著有《奥地利学派经济学》和《自由政治经济学》以及《政治经济学、公共政策和货币经济学》，编著三卷本《米塞斯选集》和五卷本《资本主义之辩》，并与他人合著《当我们自由》。

这本书不是传统意义上的教材，也不是严格意义上的学术著作，而是一本面向大众的轻学术著作，语言通俗易懂，但不失学术著作的严谨与准确。

通过引入问题"一点通货膨胀没啥害处，不是吗？"作者带我们进入货币思辨之旅。作者分析指出，20世纪20年代美联储稳定价格水平的政策是大萧条的根源。而大萧条的严重性和持续时间之长是由政府干预主义和集体主义的政策造成的。作者用几章内容详细地介绍并对比了奥地利学派、美国新政、凯恩斯革命和芝加哥学派的货币主张。

作者讨论了历史上的金本位。贸易的国际化需要一个稳定、稳健且值得信赖的货币秩序的帮助。人们认为黄金是历来被证明最能服务于这个功能的商品。因此，在19世纪古典自由主义国家所担负的有限职责中，地位最显著的就是维持金本位。不过，作者也明确指出，彼时的金本位并没有摆脱被干预的命运，事实上仍是政府在管理货币。

最后一章"自由银行"是这本书的重心所在：

在一个自由银行制度中，一家私营银行可以尝试在市场中增加纸币和支票的发行数量以超过储户对它们的需求吗？可以。那么它可以长期这样做吗？不可能。因为在很短的时间内，该银行将认识到自身行为的后果。这家银行不可能强迫别的银行采取同样的行动，也不能以其孤立的货币和贷款政策显著影响一般价格水平或市场中的相对价格结构。因此，相比中央银行制度，在自由银行制度下，私营银行超发纸币，会在更短的时间内产生对该银行黄金储备的负反馈，而且其影响范围也更小。

在这里，作者实际上谈了自由银行制度与现代货币金融制度的一个重大区别，即自由银行制度的稳定性与现代货币金融制度的"脆弱性"。在自由银行制度下，不同的银行就像轮船下面的不同隔离密封舱，单个银行"大也能倒"，最大限度地减少了债务违约的相互扩散。也只有这样，才能够避免现代金融体系的"脆弱性"。

作者批评了以中央银行为代表的货币银行制度，他言辞犀利地指出：

货币中央计划是世上公认的彻头彻尾的中央计划中的最后一点残余。事实是，即使货币政策可以通过某种方式不受意识形态和特殊利益政治压力的影响，也不能成功地集中控制货币制度。

通过废除政府对货币和银行制度的垄断控制和管制，货币政策理论上会变得毫无必要。

事实上，中央银行并非市场法治的自发结果，而是私人银行引入部分准备金制度后，政府偏袒银行而产生的不可避免的结果，而公正的法律准则对于自由市场的运作是必要的。政府不但没有担负起严格维护市场经济秩序的责任——让不负责任的银行倒闭，反而让作为最后贷款人的中央银行成为银行不负责行为的最后拯救者。为了避免银行破产，不少银行家迫切希望最后贷款人能够挽救自己。而一些理论家认为，防止私人银行家导致通货膨胀的最好方法是赋予一个受官方控制的中央银行垄断发行货币的权力。这样，中央银行就出现在历史舞台上。

维护公正的市场交易秩序是政府的职责所在。但是在货币的演化过程中，政府没有维护公正的市场秩序，而是建立了中央银行，使政府与商业银行分享部分准备金制度的好处，继续扭曲甚至放大不公正的市场秩序。这样一来，不诚实货币产生的根源没有消除，经济危机的根源也就继续存在。

难能可贵的是，作者在最后一节中还提到了美国从当前货币银行制度迈向自由银行制度的六大步骤，使得作者的理论主张很接地气。

对于未来自由银行制度的细节，作者运用哈耶克自发秩序的原理指出：

这些问题尚没有，也不可能有明确的答案。正如沃尔特·李普曼所解释的那样，理解并预测所有市场，并发现自由社会的复杂进程中产生的种种机会，是绝不可能的。正因如此，自由才弥足珍贵。只有自由盛行时，一切才皆有可能。这也是货币自由体系必须被提上21世纪经济自由议程的原因。

人类文明的延续，关键在于保存自由；而自由发挥作用，往往取决于个别节点。当前，货币制度就是这样的节点。

这本书引证丰赡，论述有力，代表了奥地利学派在这一领域当前的水平。对于想一窥科学货币理论堂奥的读者来说，这本书是一本略有挑战性的、清晰明确的指引图册。

蒋豪[①]

2018年9月1日于北京简素斋

[①] 曾任全国人大外事委员会条约处处长、中国国际法学会理事，现为中银律师事务所律师、中国政法大学法律硕士学院兼职教授，著有《美联储的制度基础：美国联邦储备体系评论》。——编者注

推荐语

理查德·M. 埃贝林是研究路德维希·冯·米塞斯生活和工作的最专注和最有能力的学者之一。他关于奥地利经济学的研究也十分透彻,并具有一定的启发性。

——伊斯雷尔·M. 柯兹纳(纽约大学教授)

通过此书,拥有不同背景的所有读者——无论是经济学新手还是专家——都能得到丰厚的回报。货币是经济学的核心,掌握这个主题是理解我们现在所处的位置和我们要如何改变的必要基础。我想把这本书和罗斯巴德的《为什么我们的钱变薄了》进行比较,这本书是我最喜欢的介绍货币的书。

——沃伦·C. 吉布森(圣何塞州立大学教授)

埃贝林教授在他的这本书中,展现了其深厚的、令人惊叹的经济学和经济史知识。

——托马斯·K. 邓肯(瑞德福大学教授)

感谢埃贝林教授写了这本书。货币政策无疑是我们这个时代的核心问题——实际上，在近代西方经济政策史上的任何时刻和任何背景下，人们对其基本问题的讨论都是不够充分的，因此，当学者把注意力转向它的基本命题时，我们都会受到启迪。

——《警钟日报》

对大萧条的误读，催生了凯恩斯主义经济学。理查德·M. 埃贝林教授从理论和数据两方面证明了，大萧条的发生不是市场失灵导致的，而是中央银行错误的货币政策导致的；凯恩斯主义货币政策是引发危机的原因，而不是解决危机的药方。

——张维迎（北京大学教授）

在这个时间点上（次贷危机10周年、亚洲金融危机20周年），我们有必要再对金融危机的起因及应对措施进行一些思考和总结，尤其是在中国经济进入新的转折时期、人们对中国金融体系的健康状况高度关注之时，总结过去金融危机的经验和教训的必要性更加显而易见。这本《货币、银行与国家》能带给我们不少启发和指引。

——陈志武（耶鲁大学教授）

主流货币银行学的书很多，现行各国货币银行体系也是按照其中的理论建立和运作的，但未能避免金融危机之害。读读奥地利学派的货币银行理论也许会令你耳目一新、茅塞顿开，让你多一些思考和反思。埃贝林教授的《货币、银行与国家》正是一本有关这方面内容的好书，译文也相当流畅，比其他同类著作好读。

——张曙光（中国社会科学院教授）

这是我多年来读到的由奥地利学派经济学家所撰写的最清楚、最通俗易懂的货币制度史和货币理论的专著。货币理论与货币制度历来是经济学中最难懂的部分。而近代各国市场中的经济增长、衰退，以及通货膨胀与通货紧缩，又是现代各国经济运行中常常发生的历史与现实问题。虽然恢复金本位制、货币的非国家化和自由银行制度这些政策主张到目前为止并没有被西方各国的政府所接受和实际推行，但是这本货币理论和货币制度史的论著还是值得一读的，尤其是对经济学的专业人士更是如此。

——韦森（复旦大学经济学院副院长）

古典经济学认为劳动创造价值，劳动分工实现产出最大化。新古典经济学认为市场交易创造价值，经济发展是效用的最大化。货币对经济学家来说，是交易的媒介，适当的货币政策可以让经济稳定运行，这是中央银行的职责。但历次经济危机表明，单中心国家秩序支撑的货币政策，实际上让市场自身失去了自我调整的功能，从而创造了危机，而且还进一步放大了危机。要想更好地理解经济危机发生的真实原因，以及什么是真正的货币政策，《货币、银行与国家》一书值得一读。

——毛寿龙（中国人民大学教授）

埃贝林教授是著名的奥地利学派经济家。这本书以逻辑严密、深入浅出的文笔介绍了奥地利学派的货币与周期理论，评述了凯恩斯通胀药方和芝加哥学派所奉行的中央银行"货币规则"的误区，肯定了金本位、货币的非国家化以及100%黄金美元的优点，提出世界的未来在于走向自由银行制度。这本书应该成为经济学专业师生和货币银行业界人士的必读书目。

——冯兴元（中国社会科学院教授）

经济学家有责任揭示并告知人们历史上重大经济事件的真相，特别是大萧条和最近一次金融危机的真相。理查德·M. 埃贝林教授的《货币、银行与国家》是一部应用奥地利学派经济学理论分析货币、银行与商业周期的杰作。这本书告诉人们，大萧条和最近一次金融危机不是什么"市场失灵"的结果，而是由美国中央银行（美联储）在货币管理上的错误造成的，而紧随其后的政府干预政策使大萧条更加严重并延长了它的持续时间。政府垄断的中央银行和货币制度，总是以种种现实需要（就业和经济增长）为由扭曲资本市场的价格信号，并把这种扭曲行为传导到投资品、劳动力和原材料市场，导致投资与真实储蓄以及真实市场需求脱节，当来自消费端和储蓄端的收入流无法满足前述已发生投资的持续投资需求时，市场的自发纠错和清算过程终究会来临，其表现就是经济危机。作者提出的"自由银行和货币制度"是未来的替代选项，经济学专业师生和货币银行业界人士可以对此认真研究和探讨。

——刘业进（首都经济贸易大学教授）

致　谢

本书得以以现在的形式出版离不开我亲爱的老朋友雅各布·G. 霍姆伯格（Jacob G. Homberger）的支持和努力，他是自由未来基金会（The Future of Freedom Foundation）的创始人和主席。

雅各布和我结识于20世纪80年代，那时我在达拉斯大学（University of Dallas）教书，而他在达拉斯从事法律事务。我们对几乎所有政治和经济问题的观点都相同，很快成了朋友。

我很荣幸在1989年雅各布建立基金会后担任该基金会的学术事务副主席，并在2003—2008年担任该基金会的主席。

我要再次强调，能够与雅各布一道扩大《货币、银行与国家》一书的影响力是我的荣幸。

我非常感谢我所有的奥地利学派的朋友们。本书对其中两位进行了大量的讨论，他们是劳伦斯·H. 怀特（Lawrence H. White）和乔治·塞尔林（George Selgin）。他们关于竞争性自由银行业问题的文章开创了关于货币理论和政策研究的全新领域。

我还要感谢我的妻子安娜，她一如既往地支持着我的事业，没有她就没有我的一切。

前　言

过去10多年，美国经济一直处于过山车状态：2003—2008年经济繁荣，紧接着是一次严重的经济下滑，然后是从2009年至今（2015年）缓慢而乏力的经济复苏。

在2008—2009年股市剧烈下跌之前，很多政界或媒体界的权威人士认为"好时代"会永远持续下去，这些人有的是美国中央银行（美联储）理事会的成员。

经济开始下滑并继而加剧这一趋势的时候，很多人都成了批评者，他们深信这证明了自由市场经济的"失败"。

这些所谓的专家开始老调重弹，谈论着20世纪30年代大萧条以来一直受到质疑或遭到拒绝的理论。这些理论认为，只有富于远见的、明智的政府干预和管制才能够从经济灾难中拯救这个国家，并保证我们在未来不再陷入类似境地。

其实，自由市场无须对最近的经济危机负责，而且所有制约和规范市场经济的尝试都实实在在地成了经济进步和人类繁荣的最大阻力。

2008—2009年，经济衰退的根源在于美联储多年来错误的货币管理体制和由华盛顿的相关人员制定的错误的经济政策。2003—2008年，美联储向金融市场注入大量资金，有人测算这一时期总货币量增长了至少50%。

那几年经通货膨胀调整后的关键利率要么是零，要么是负值。银行系统把自己充裕的货币借给各种类型的贷款人。为了吸引人们来贷款，这些银行不仅降低了利率（即降低借钱的成本），还降低了对信用的要求标准。

或者说，为了把钱借出去，金融机构找到了富有"创造性"的方法：把房贷打包成可以交易的金融产品，倒手卖给别的投资者。这样做看似把发行次级房贷的风险降到了最低，但这些次级房贷后来还是被人们视为房地产市场的高风险垃圾债券。人们的恐惧得到了安抚，因为房价随着购房者的购买行为而不断高涨，买房的钱则来自新印发的美联储货币。

同时，政府的房产保险机构，如房利美（Fannie Mae）和房地美（Freddie Mac），则保证了这类不断增长的、不稳定的房贷的背后有"山姆大叔"①的"完全信用"作为担保。2008年，美国联邦政府正式全权接管房利美和房地美，而这两家公司为市值10万亿美元的美国房地产市场二分之一的业务做了担保。

低利率和下调的信用标准也促使消费激增，并导致2003—2008年消费者债务增长了25%——从2万亿美元增加到2.5万亿美元以上。利率之低使人们并没有什么动力去为"明天"储蓄，反而在"今天"大肆借贷和消费。根据美国统计局的数据，在那

---

① 指代美国政府。——译者注

5年时间里,人们真实的平均收入最多增长了2%,而债务负担却大大加剧。

这些快钱以及政府担保的"纸牌屋"都在2008年倾塌了,随之而来的是股市大跌,一些股指从最高点狂跌30%~50%。造成这一灾难的华盛顿的经济政策制定者后来说到,当时他们急需的是更多的管制,以便修复因他们早前行动而严重损害了的金融市场和房地产市场。

当时,修复措施也包括美国政府和美国最大的几家银行的快速"联姻"。这场"联姻"发生在2008年10月,那些金融机构的CEO(首席执行官)被叫到华盛顿特区,与当时的财政部部长亨利·保尔森(Henry Paulson)和美联储主席本·伯南克(Ben Bernanke)会晤。

他们被告知,联邦政府将为银行系统注入现金,在金融领域购买这些银行价值2 450亿美元的股份。在场的银行CEO——其中一些明确表示他们既不需要也不想要政府的资金注入——也被告知,他们只有在签字之后才能离开财政部大楼(这些钱最终都回到了财政部,银行回购了政府已经"投资"的那些股份)。

同时,美联储打开了货币的阀门,在"量化宽松"名义下,通过一系列货币政策在2007—2015年将基础货币(现金和银行储备)从7 400亿美元增加到约4万亿美元。

其后果是,经通货膨胀调整后,关键利率在七年中的大部分时间都为负。因此,名义利率和实际利率都不能真实反映储蓄的实际效益以及它们与潜在投资的市场盈利能力的关系。

操纵利率的方式类似于价格控制——将商品价格保持在由市

场决定的供需平衡水平以下。这降低了一些人在供给端储蓄的兴趣和能力，也严重影响了人们在需求端可能进行的关于投资类型和投资时间的决策，因为在一个缺乏市场利率的金融市场中，资本的真实稀缺性和借贷成本已经变得难以估计。

此时的市场已经扭曲，投资模式被给予了错误的、过度的引导，而劳动力和资源则被引导到了各种不可持续的岗位上。

凯恩斯主义者和其他"刺激"政策的支持者声称，没有必要担心经济中的"过剩"，因为物价上涨（price inflation）是温和的：2008年以来，通货膨胀率一直保持在2%以下。

首先，我们要牢记，这种对价格上涨的衡量是基于某种统计价格指数。这就必然掩盖了用于计算统计平均值的所有单一价格的改变。而在过去几年中，我们也见证了市场的一些细分行业中价格的显著增长。

其次，大规模货币膨胀未能产生全面影响，原因在于美联储在其量化宽松政策实施之初耍了一个政策把戏。一直以来，中央银行向各家银行支付利息时的利率，都稍高于它向私营部门借款人放贷时所设定的利率。

因此，对于许多银行而言，把大量可用准备金用作"过量储备"而不借出是更有利可图的。在美联储印发的4万亿美元中，有将近2.8万亿美元用在了这方面。在获得了额外的贷款潜力后，美联储再次操控利率，这次是为了避免这些货币大量进入市场。

最后，全球石油供应日益增加，尤其是2014年之后，这也使所有精炼石油产品的价格大幅度下降。对于普通消费者而言，加满汽车油箱所需的费用变少了。

对于一个经济体中的所有人而言，有用且可被广泛使用的原材料与资源价格更低了，且供给增多了。这是一件好事，这会让生产成本和商品价格更便宜，从而提高所有需要这些产品的人的生活水平。

然而，美联储担心"价格紧缩"会拖累经济，而供给侧的充裕并不能起到刺激市场的作用，而是长期降低人们想要的商品和服务的稀缺性和成本。

世界各国的中央银行大多认为，每年 2% 的价格上涨率是能够保证经济稳定和可持续性的"理想值"。在平均量①和经济总量保持稳定的情况下，中央银行决策者对于货币政策对经济体系的真正影响继续视而不见——这种影响是对相对价格结构、利润空间、资源使用和资本投资的扭曲。

在《货币、银行与国家》一书中，我解释了奥地利学派的货币理论和商业周期理论，它们与凯恩斯经济学及其货币理论完全不同。尤其是路德维希·冯·米塞斯（Ludwig von Mises）和弗里德里希·A. 哈耶克（Friedrich A. Hayek）在 20 世纪创立的经济学理论，更能够揭示出中央银行的货币扩张和利率操纵为人造的繁荣及其不可避免的崩溃埋下了伏笔。

为了解释他们的理论，我分析了过去一百年中最严重的经济大萧条。1929 年的经济崩溃和随之而来的大萧条是美联储在 20 世纪 20 年代实施的货币政策酿成的恶果，那时的目标是价格水平的稳定——既不是价格上涨，也不是价格紧缩。但在价格水平统

---

① 此处的平均量泛指经济中的某些指标，并非具体的某个平均量。——编者注

计数据的表面稳定之下，美联储制造的货币膨胀和低于市场水平的利率造成了美国经济中储蓄和投资之间的错配，这种错误酿成的恶果最终在 1929 年和 1930 年显现出来。

大萧条贯穿 20 世纪 30 年代的大部分时间，它具有深刻而持续的影响，这并不是由市场经济的内在因素造成的。在后繁荣时代，欧美国家政府并未让市场发挥其自主调节作用，使价格、工资和资源再分配达到新的市场出清水平，而是进行了大规模的经济干预。

当时政府对工资和价格实施干预，大量的预算赤字和累积债务、低效益的公共就业项目因此而产生，民族主义和保护主义带来的国际贸易壁垒，以及政府的各种计划、政府对人们生活和市场活动的控制，导致了失业人数的持续上升和失业时间的延长、工厂闲置、资金闲置和经济资源的大量浪费。

最初提出"经济干预"这一说法的是英国经济学家约翰·梅纳德·凯恩斯（John Maynard Keynes）。在新兴的凯恩斯主义革命的掩盖下，这类"激进的"货币和财政政策开始大量出现。在《货币、银行与国家》一书中，我分析了凯恩斯主义方法的前提，以及为什么这种"政策药方"实际上恰恰会导致凯恩斯主义者所声称能够避免的"繁荣—萧条"交替周期。

另外，尽管米尔顿·弗里德曼（Milton Friedman）对我们在一般意义上理解竞争性市场的优越性做出了一定的贡献，但是他主张通过货币扩张的"规则"和"自动"财政稳定器来实现其激进货币政策的方法，与其说是奥地利学派经济学家提出的另一个根本性选项，不如说是在凯恩斯宏观经济学框架中的一个

"内在批判"。

那么，就货币体制的运行而言，我们还能做什么呢？《货币、银行与国家》一书用很大的篇幅解释了所有形式中央银行内在的经济缺陷和政治弱点。

总而言之，中央银行具有与所有其他形式的中央计划相似的问题。中央银行依赖于这样一个假设，即比起真正建立在货币等交易媒介的市场选择形式上的具有竞争性的私人银行体系来说，货币中央计划者可以更加成功地管理货币和银行系统。

我还阐释了竞争性银行体系怎样才能在中央银行制度终结后运行起来。为了说明这个问题，我对私营货币和银行体系的提议进行了辩证分析，这些提议来自路德维希·冯·米塞斯、弗里德里希·A.哈耶克、穆瑞·N.罗斯巴德（Murray N.Rothbard）和货币自由的"现代"组成部分——劳伦斯·H.怀特、乔治·塞尔林、凯文·多德（Kevin Dowd）等人的作品。

《货币、银行与国家》一书在结尾列出了一些步骤，告诉大家怎样做可以从中央银行制度成功转变到自由市场的货币和银行体制。

如果过去的一百年能够说明什么的话，那就是政府——即使在那些好心人的控制下——没有足够的能力管理有关全世界几十亿人的社会和经济事务。这样做的结果从来都是自由的丧失和经济的偏向与扭曲。

自 1913 年美联储建立以来，过去一百年的美国中央银行制度同样证明了，货币中央计划者是没有能力通过对货币数量的垄断控制来主导金融和银行事务的，他们反而会对货币价值以及与储蓄者、借贷者相关的利率产生重大影响。

对货币进行非国有化的改革,也许是我们终结"繁荣—萧条"周期,创造经济可持续发展和改善以市场为导向的体制的不错尝试。

目　录

推荐序

序言

推荐语

致谢

前言

第一章　通货膨胀与稳定

大萧条并不是"草率资本主义"与"被动和无为政府"的组合所造成的结果，大萧条是由美国中央银行（美联储）在货币管理上的错误造成的；大萧条之严重性和持续时间之长则是由政府干预主义和集体主义的政策造成的，这些政策阻碍了经济调整的进程，使其难以在很短的时间内恢复正常。

一点通货膨胀没啥害处，不是吗？ \ 002
经济稳定与稳定价格水平之逻辑 \ 010
20世纪20年代的美联储和稳定的价格水平 \ 016
本杰明·安德森和稳定价格水平的错误目标 \ 023

第二章　货币、商业周期与奥地利学派

如果货币变化总是对市场具有非中性的影响，那么货币当局试图通过改变货币供给来保持"稳定的"价格水平的设想本身就可能是经济中的不稳定因素，这实际上正是米塞斯的奥地利学派同人哈耶克的观点。

奥地利经济学家对货币起源和购买力的看法 \ 032

米塞斯和货币非中性 \ 038

哈耶克与稳定价格水平的不稳定性影响 \ 044

奥地利学派资本和利息理论 \ 050

奥地利学派商业周期理论 \ 056

奥地利学派商业周期理论与大萧条的原因 \ 062

第三章　大萧条与新政

大萧条源于美国试图通过货币扩张来稳定价格水平。货币扩张人为地降低了利率，反而造成了超过经济中真实储蓄的投资繁荣。资本、资源和劳动力被错误地吸引到周期更长的投资项目中，但这些投资项目在货币通胀之后往往是无利可图的，而且在经济上也不可持续。人们错误地投入资本，劳动力也受到误导。相比能够保证市场中商品和服务的真实供需平衡的价格和工资结构，货币扩张后的相对价格和工资结构是扭曲的。

大萧条和干预的危机 \ 070

奥地利学派对大萧条的分析和对策 \ 077

罗斯福新政 \ 083

新政及其评论 \ 090

第四章 凯恩斯的革命

凯恩斯对他所声称的维护权威和本领的正确性和能力毫不怀疑。他是那种认为自己在任何方面都比社会中的其他成员更为优秀的英国精英。正如崇拜凯恩斯的传记作家罗伊·哈罗德（Roy Harrod）所说："他坚信……英国政府正在而且也应该处在一个知识贵族阶层的手中，他们通过说服他人来进行统治。"而且美国的凯恩斯主义者亚瑟·史密斯（Arthur Smithies）也指出："在凯恩斯向往的世界中，货币和财政政策应由权威的智者来执行，而这些政策将能够确保繁荣、平等、自由，并尽量维持和平。"

约翰·梅纳德·凯恩斯和"新自由主义" \ 098

凯恩斯和凯恩斯经济学 \ 104

凯恩斯主义经济政策及其后果 \ 110

市场的萨伊定律和凯恩斯经济学 \ 116

储蓄、投资和利息与凯恩斯经济学 \ 122

凯恩斯经济学和社会工程的危害 \ 127

凯恩斯革命和对凯恩斯的早期批评 \ 133

第五章 芝加哥学派的货币探索

在20世纪30年代早期，芝加哥大学的经济学家（通常被视为自由市场秩序最直言不讳的捍卫者），提议并强烈支持将赤字性支出和纸币通货膨胀作为解决大萧条中的失业和闲置生产力的首要政策措施。他们知道大萧条之所以持续这么长时间并如此严重的原因在于，资源和劳动力成本分别被人为地维持在市场出清的价格和工资水平之上。但他们没有呼吁清除这些阻碍美国市场竞争功能发挥的因素，而是呼吁采取短期通货膨胀这一应急手段和政府赤字性支出。

芝加哥学派经济学家和大萧条 \ 140

亨利·塞门斯和货币改革的"芝加哥计划" \ 146

米尔顿·弗里德曼的经济稳定框架 \ 152

米尔顿·弗里德曼和货币需求 \ 158

米尔顿·弗里德曼和经济稳定的货币"规则" \ 164

米尔顿·弗里德曼对纸币成本的再思考 \ 170

芝加哥学派和奥地利学派对货币、通胀和大萧条的看法 \ 176

第六章　金本位、货币的非国家化与 100% 黄金美元

人与人的关系应该基于为了彼此获益而进行的自愿交换。就像在一个国家的自由市场中，人与人之间并不存在固有的敌意，生活在不同国家的人之间也不存在固有的敌意。通过将分工原则扩大到全球范围，可以扩大贸易的共同收益。如果人们要从这些可能性中获益，贸易的国际化就必须得依靠一种稳定、稳健且值得信赖的货币秩序。人们普遍认为，黄金历来是最能够发挥这一作用的商品。因此，在 19 世纪奉行古典自由主义的国家所承担的有限职责中，地位最显著的就是维持金本位。

19 世纪的金本位 \ 182

作为政府管理货币的金本位 \ 188

米塞斯论黄金和自由市场体系 \ 194

哈耶克和货币的非国家化 \ 200

穆雷·罗斯巴德和 100% 黄金美元 \ 206

第七章　自由银行

这些问题尚没有，也不可能有明确的答案。正如沃尔特·李普曼所解释的那样，理解并预测所有市场，并发现自由社会的复杂进程中产生的种种机会，是绝不可能的。正因如此，自由才弥足珍贵。只有自由盛行时，一切才皆有可能。这也是货币自由体系必须被提上21世纪经济自由议程的原因。

自由银行和对中央银行的政治评价 \ 214

自由银行和对中央银行的经济评价 \ 220

自由银行和货币扩张的竞争限制 \ 225

自由银行和货币的市场需求 \ 231

自由银行与储蓄和投资的协调 \ 237

自由银行和市场竞争的好处 \ 243

走向货币和银行自由体制 \ 248

译者后记 \ 255

第一章

通货膨胀与稳定

大萧条并不是"草率资本主义"与"被动和无为政府"的组合所造成的结果,大萧条是由美国中央银行(美联储)在货币管理上的错误造成的;大萧条之严重性和持续时间之长则是由政府干预主义和集体主义的政策造成的,这些政策阻碍了经济调整的进程,使其难以在很短的时间内恢复正常。

一点通货膨胀没啥害处，不是吗？

20世纪60年代末70年代初，我还是一个经济学专业大学生，一些教授在研究中费了很大的精力去区分小跑式（trotting）通货膨胀、超速式（galloping）通货膨胀和爬行式（creeping）通货膨胀。小跑式通货膨胀往往是指一个国家每年的一般价格增长率为5%～10%，如果不加以控制，可能会上升到10%～20%，这时候就变成了超速式通货膨胀；超速式通货膨胀有变成失控（runaway）通货膨胀的风险；失控通货膨胀有可能变成恶性通货膨胀（hyperinflation）；如果不及时遏制恶性通货膨胀，则可能造成货币崩溃。

当时，老师告诉我们，爬行式通货膨胀并不是问题。温和的通货膨胀指的是一个国家每年的一般价格增长率为1%～5%。每年的一般价格增长率为3%～5%的爬行式通货膨胀如果持续多年，仍会吞噬掉货币的购买力，但这是"可以应对的"（manageable）。此外，一般价格增长率较低的爬行式通货膨胀对经济也是有好处的。

在约翰·梅纳德·凯恩斯于1936年发表著作《就业、利息和货币通论》[1]以后，那些后来成为凯恩斯主义者的经济学家们认为，工人深陷"货币幻觉"（money illusion）之中，或者用凯恩斯自己的话说："当雇主们设法压低货币工资时，其所遭遇的抵抗比当物价上涨导致实际工资（real wages）逐渐下降时所遭遇的抵抗要强烈得多。"[2]

假设经济萧条开始发生，而一般价格降低了约20%。如果工人能接受工资水平下降的话，雇主的劳动成本就会减少，同时他们现在销售的产品的价格也会下降，那么雇主就能够维持生产并雇佣与经济萧条发生以前同样数量的工人。事实是，工人现在的货币工资与以前相比降低了20%，但与此同时，商品的价格也降低了。在更低的货币价格水平上，人们用减少后的货币收入仍足以购买与经济萧条发生前数量相同的商品和服务。

然而，凯恩斯认为，工人会受到"货币幻觉"的损害。工人只会从他们获得回报的"名义货币数量"的角度来考虑，而不是从他们的"实际工资"的角度来考虑，即他们的货币工资的真实购买力。因而工人会强烈反对任何消减他们的货币工资的措施，为此，他们宁愿承担更高的失业率和更长的失业时间等后果。

凯恩斯给出的方案是通过通货膨胀降低实际工资，从而降低雇佣劳动力的成本。正是因为工人受到货币幻觉的影响，他们不会要求以更高的货币工资来弥补他们由于价格上涨而损失的购买力。更高的商品价格和相对不变的货币工资将改善生产

---

[1] 其他地方写为"《通论》"的著作也是指这本书。作者在原文中有时采用全称，有时采用简称，本书同步译出。——译者

[2] 依据商务印书馆，高鸿业译，《就业、利息和货币通论》的相应部分进行翻译。——译者注

条件，甚至创造利润空间，随之而来的将是雇主更有动力去扩大生产并雇佣那些失业者。

在凯恩斯主义者看来，政府预算赤字可用于实现这一目标。政府的税收收入将低于其在商品和服务上的支出，它在经济体系中通过创造货币（或借用银行中积累的"闲置"储蓄）来弥补预算赤字。政府支出的净增加量将刺激总需求，使价格"温和"地升高。

凯恩斯关于些许可控的通货膨胀是对生产和就业的健康刺激的论点，此前已被人多次提出，但也被批评为暂时的灵丹妙药。比如，19世纪美国最著名的经济学家之一弗朗西斯·A.沃尔克（Francis A. Walker）就曾在他的著作《货币、贸易和工业》一书中提出，"平缓的……利润的增加是十分直接和简单的……它提高了工人的积极性，而且立刻就能在不必产生任何（消极）反应的情况下促进生产……它将带来最多的好处和最少的消极影响"，只要这种通货膨胀"是一个缓慢的、渐进的货币贬值过程"。

有人认为长期的刺激能够带来更多的生产，而稳定的价格或缓慢的价格上涨能够保证就业，这种观点受到了瑞典经济学家克努特·维克塞尔（Knut Wicksell）的批判，他在《利息和价格》（*Interest and Prices*，1898）一书中写道：

如果人们可以确定一段时间内价格的上涨趋势，那么人们在当下所有的商业合作中就会考虑价格上涨的影响，结果无疑就是将人们从价格上涨中获益的可能性降到最低。那些偏好价格继续上涨而不愿意保持价格水平稳定的人将使我们联想到那些"故意把手表调快,免得误了火车的人":要达到目的,他们就不能老想着他们的手表已经被调快了,否则他们就会习惯性地考虑手表被调快了几分钟,而最终,尽管手表被调快了,他们还是会误了火车。

20世纪,欧文·费雪(Irving Fisher)和那个时期的米尔顿·弗里德曼(Milton Friedman)、克努特·维克塞尔持相同的观点。他们指出,消费品的价格波动相对灵活,并能够对市场需求的变化作出反应;相反,生产要素的价格,如劳动力的价格,则倾向于在更长的时期内因合约的存在而保持固定。其结果是,如果一般市场需求由于通货膨胀而意外上涨,消费品价格便会很快开始上涨,且早于生产要素价格的上涨,而利润空间会由于价格上涨而暂时变大。但由于合约很快会被重新签订,而有关价格上涨率的信息很快会人尽皆知,工人和资源所有者将会要求更高的工资和资源价格。为什么会这样?原因有两个。

一是由于利润空间变大,很多经济部门会同时扩大生产,而这会受到稀缺生产要素市场的限制,也就自然会造成生产要素价格的上涨,其中也包括劳动力价格。

二是随着工人和资源所有者在市场中购买商品和服务,他们很快就意识到,他们的货币收入已经没有办法应对上涨的价格。在他们与雇主就工资和资源价格讨价还价的时候,他们要求得到的实际工资至少与此前的货币工资或资源价格相等。费雪和弗里德曼都认为,随着时间的推移,工人不会再受到货币幻觉的蛊惑。货币作为一种交易媒介,是购买力的载体,而那些使用货币的人关心的是货币能够在市场中买到什么。换句话说，对于获得收入的人而言，他们的实际工资才是真正重要的，而不是货币工资。

只有在一般价格水平的上涨率不符合预期（或者完全不同于预期）的情况下，凯恩斯主义的"花招"才可能管用。如果价格上涨率符合预期，那么涉及工资和其他资源价格的合约将考虑该因素，资源价格（包括工资）将以与一般价格水平相同的平均上涨率上涨。利润空间将不会被人为扩大，而且不会出现扩大生产和就业的持久激励。生产和就业数量将反映经济中存在的供给和需求情况（真实的市场条件）。

只有实际的通货膨胀率比人们预期的通货膨胀率上升得更快时，价格才会相对于生产成本快速上涨，在这样的情况下，凯恩斯主义幻觉才会短暂再现。但这意味着，如果需要通货膨胀带来刺激作用，那么这种通货膨胀必须从爬行式通货膨胀加速到小跑式通货膨胀才行；当小跑式通货膨胀不再管用的时候，则必须加速到超速式通货膨胀；而当超速式通货膨胀也不好使的时候，就只有失控通货膨胀才有用；当失控通货膨胀仍不能带来理想的就业水平的时候……

"由政府稳定且成功地主导的爬行式通货膨胀能够确保一定程度上的经济增长和就业增加"这一主张，于20世纪七八十年代在货币主义者（如米尔顿·弗里德曼和另一批被称为理性预期理论家的经济学家）的攻击之下，终于不再受到政策制定者的青睐。

但似乎这些靠不住的主张从来就没有彻底死掉——尤其是在经济学中。这些主张只是潜伏起来，等待着某一天卷土重来。其中一个例子是，爬行式通货膨胀这一说法又流行起来了。

1996年8月，华盛顿的布鲁金斯学会发布了由乔治·阿克尔洛夫（George Akerlof）、威廉·迪肯斯（William Dickens）和乔治·佩里（George Perry）写的一个政策简报，名为《低通货膨胀或无通货膨胀：美联储是否应该追求完全价格稳定？》("Low Inflation or No Inflation: Should the Federal Reserve Pursue Complete Price Stability?")。他们认为，如果美联储理事会遵循通货膨胀战略，就会带来不必要的失业和经济衰退。

他们正确地指出，不断变化的市场条件要求人们对劳动力在各个经济部门中的分配做出合理调整，也要求对相对工资结构做出合理调整，以反映雇主对不同类型劳动力需求的变化。他们又正确地指出，如果价格上涨率为零，在劳动力需求增加的地方，货币工资会上涨，而在劳动力需求减少的地方，货币工资将不得不下调。

但他们说：

雇主几乎从来不会削减员工的工资，因为他们担心这么做会损伤士气，而且会造成人员流失……大多数人认为，除非遇到极端情况，否则一家公司削减工资就是不公平的……工资的向下刚性的确是经济的一个重要特征。

其结果是，在那些货币工资本应下降却没有下降的经济部门里，雇主"让相对工资太高，而让就业率太低"。另外，大多数工人认为："如果一家公司在高通货膨胀下没能上调（货币）工资，那么这家公司就是不道德的。"

基于这样的逻辑，他们提出了一个货币政策："温和的通货膨胀"（moderate inflation）。如果市场条件改变了，那么可以对相对工资结构进行调整，以吸引工人从某些经济部门流向其他经济部门，而不必削减任何人的货币工资。在劳动力需求下降的经济部门中，货币工资可以保持不变，人们可以用增加货币供应的方法来制造温和的价格上涨，以使需要吸引更多工人的那些部门得以增加货币工资。

为了避免"士气不佳"的问题（对旧凯恩斯主义中工人货币幻觉假设的新解释），美联储应该将爬行式通货膨胀的新版本作为货币政策的目标。

1996年9月30日，在伦敦《金融时报》的评论《通货膨胀辩护者》（"Inflation Apologists"）中，专栏作家迈克尔·普洛斯（Michael Prowse）严厉地指责这些作者是在复活落后的凯恩斯主义经济学的错误主张。他指出：

在一个通货膨胀率为零的世界里，人们可以学会接受货币工资偶尔被削减，就像他们现在接受因通货膨胀而产生的实际工资降低一样——要假设这是不可能的就和假设人们总是非理性的一样。这实际上是一个建立在经济学理论之上的可悲假设，甚至是侮辱性的……在通货膨胀率为零的情况下，相对价格信号将比现在更清晰……资本主义将会运行得更有效率，失业率将会更低，而不是更高。新的通货膨胀辩护者的悲观情绪是很没有道理的。

那么，通货膨胀率为零是否就是市场经济和自由社会的理想目标呢？如果是的话，那么这必将暗示着，在现如今的自由社会里，仍存在货币中央计划的机构，它有权力通过必要的货币政策来实现这个目标。但如果中央计划被证明在经济生活的所有方面都是非理性的，那么我们根据什么来推测它在货币问题上会起作用——而且是起到好的作用呢？如果说货币中央计划并不比其他形式的中央计划更加理性，那么一个自由社会的货币体系应该是什么样子的呢？

经济稳定与稳定价格水平之逻辑

20世纪前30年里最具影响力的经济学家之一是耶鲁大学的教授欧文·费雪。1896年,他出版了《增值和利息》(Appreciation and Interest)。他认为,如果借贷双方不能正确预见通货膨胀和通货紧缩的话,价格的变化会给贷款人和借款人带来不利影响。

他将利率解释为,在一段时间里,人们可以借入的资金的价格以及购买资源和商品的价格。贷款人愿意在一段时间内借出他的货币,是因为他能够在收回本金的同时得到一笔溢价——利息。利息代表的是购买商品和服务的额外的购买力,它是贷款人在贷款期内放弃使用他的资金而得到的报酬。

假设贷款人和借款人就一笔贷款的利率达成一致,如一年期的贷款利率为5%,而且在这一年时间内,一般价格出乎意料地上涨了3%。当贷款本金和5%的利息同时返还时,贷款人就会发现,如果要买到一年前在市场上用贷款本金能够买到的同样数量的商品,现在除了需要花费本金,还要再加上3%的利息收入。因此借出的这笔资金在购买力上的真正收益就不再是5%,而是2%。预料之外的通货膨胀使他的利息收入的实际价值损失了

60%。

反过来想象一下，贷款人和借款人签订了一份年利率为5%的一年期贷款合同，但一般价格在这一年里意外下降了3%。那么年底借款人偿付这笔贷款的时候就会发现，由于意外的价格紧缩（price deflation），他借出的本金所具有的购买力比年初的时候高了3%。对贷款人而言，从购买力看，他真正的收益是8%，而不是贷款合同中所约定的5%的利息。

在第一种情况（意外的价格上涨）下，借款人要用贬值的货币偿付贷款，他的债务负担因贷款期间货币价值的降低而减少。

在第二种情况（意外的价格紧缩）下，借款人要用升值的货币偿付贷款，他的债务负担因贷款期间货币价值的上涨而增加。

欧文·费雪认为，如果借贷双方能够正确预料价格上涨率或价格收缩率，那么贷款人和借款人就都不会在贷款期间获得收益或承受损失。为什么呢？因为如果贷款人和借款人知道货币在这段时间内会失去或获得一定的购买力，那么他们就会通过调整贷款条件，来对一般价格水平的可预期变化做出反应。

在3%的价格上涨率的条件下，假设名义利率为8%，那么当贷款还清时，贷款人仍能得到5%的真实购买力收益。而在3%的价格紧缩率的条件下，假设名义利率为2%，那么当贷款还清时，贷款人也能得到5%的真实购买力收益。

然而，费雪说，在真实的世界中，借贷双方不可能完全准确地预料一般价格水平的变化，因而他们的收益和损失总是无法预料，也不能达到一致。

费雪还说，一般价格水平的非预期变化会对经济生产和就业产生破坏性影响，这是他在 1911 年的著作《货币的购买力》(The Purchasing Power of Money)中所阐述的主题。此后，他又通过一系列书籍，如《经济学的基本原则》(Elementary Principles of Economics, 1912)、《稳定美元》(Stabilizing the Dollar, 1920)和《货币幻觉》(The Money Illusion, 1928)，以及20世纪20年代的数十篇文章对其进一步阐述。

他认为，在非预期的价格上涨或价格紧缩时期，制成品和服务的价格以及资源和劳动力的价格会在不同的时间发生变化，而且变化程度不同。其结果是，制成品的价格和生产价格之间的利润空间会被人为地暂时扩大或缩小，从而导致经济中生产和就业的波动。

费雪解释说：一方面，消费品的价格非常灵活，会对市场的需求水平快速作出反应；另一方面，生产要素价格（包括劳动力工资）则由于契约的关系在一定时间内固定不变。

在出乎意料的价格上涨时期，消费品价格和资源价格之间的利润空间被人为地扩大了，这为雇主创造了一种激励机制，他们会利用销售增加的回报来扩大生产。他认为，这就是商业周期中的"经济繁荣"，或者叫扩张阶段。

但繁荣不可避免地要在生产要素价格（包括劳动力工资）重新议价（签订合同）的时候告一段落。资源所有者和劳动力在一个需求增长的市场环境中，会分别要求获得更高的价格和货币工资，以补偿他们损失的购买力（物价上涨，而他们的货币收入根据约定保持不变）。

随着利润空间在更高的生产成本条件下缩小，雇主发现他们之前在经济繁荣阶段已经过度扩大生产，于是商业周期中的经济萧条或紧缩阶段便随之到来。

在突如其来的价格紧缩时期，消费品价格和资源价格之间的利润空间被人为地缩小了（对于雇主来说，或许根本无利可图），原因在于，当资源价格和工资暂时保持在合约水平时，消费品价格会降低。雇主会降低产出，以节约成本和减少损失，这造成了总体经济的下滑。如果生产要素价格（包括劳动力工资）在合同重新议价后上涨，那么此前资源所有者减少的利润和工人的损失就被弥补了。资源所有者和工人不愿有失去生意和工作的风险，他们会调整对资源价格和工资的要求，哪怕让他们的产品在市场上降价销售。

此外，一般来说，由于消费品价格是逐渐下降的，资源所有者和工人会接受更低的资源价格和货币工资。从真实的购买力角度来看，他们的境遇并不比价格紧缩开始前糟糕。

如果能够完美地预料价格上涨或价格收缩，那么我们就可以把货币的购买力变化整合到资源交易合同和劳动合同里，这样一来，利润空间就不会因一般价格水平的变化而扩大或缩小，"繁荣—萧条"的商业周期出现的概率也会随之减少，甚至完全消除。

遗憾的是，费雪又认为，我们只有引入一些外部力量来保持价格水平稳定，控制价格上涨和价格紧缩，"完美的先见之明"才会有极大可能实现。费雪得出的结论是，鉴于在他写作期间大多数国家普遍存在货币制度，商业周期仍将是市场经济的固有组成部分。

费雪主张稳定价格水平，他坚持认为，我们需要的是一种既能保证不发生价格上涨又能保证不发生价格紧缩的货币政策。在《稳定美元》一书中，费雪认为：

> 我们需要的是稳定的或者说是标准化的美元，就像我们已经对码尺、蒲式耳篮子、品脱杯、马力、伏特和除美元之外的所有商业单位实行标准化一样……我是在提议授权政府官员根据自己的突发奇想来将美元定得高一点或者低一点吗？绝对不是。一个为必须进行的调整所制定的标准就在眼前——我们熟悉的价格指数……对于指数在标准之上或者之下的每一百分点的偏离，我们都应该在购买力意义上增加或者减少对应这一百分点的美元的分量。

政府如何做到这一点呢？那就是要改变经济中可用于购买商品和服务的货币量和银行信贷。在费雪1928年的作品《货币幻觉》中，他盛赞美联储理事会，即美国中央银行的货币经理，认可他们自1922年以来就遵循的政策十分接近他所推崇的政策。尽管这只是一个"不成熟的"开始，他依然说道：

> 稳定将我们的经济生活带入了一个新时代……为国家增加了大量收入。美联储最终于1922年设立公开市场委员会（Open Market Committee）来买卖证券，尤其是政府债券，以影响信用情况，这在一定程度上防范了严重的市场波动……当其购买证券时，它们就让货币流动起来了……而当其出售证券时，它们就将流动的货币"取"回来了（美联储通过公开市场操作，以及直接将储蓄借给其他银行时所设定的贴现率来控制银行储蓄），美联储确实

保卫了这个国家,使其不受严重通货膨胀和通货紧缩的影响……如果这种权力使用得当,美联储就会成为世界上最伟大的公共服务机构。

通过美联储的权力,费雪得意地指出,美国已经创造了一种"管理型的货币",这种货币受到稳定价格水平这一政策目标的指导。

费雪在1929年9月5日宣称:"股票价格可能会下跌,但绝不会崩盘。"(1929年10月的最后两个星期股市大跌)而在1929年10月16日,费雪仍坚称:

股票价格已经达到了看似前所未有的历史高位。我觉得不会很快发生,或者根本不会发生低于现在水平50~60个点的情况……我预计在未来几个月的时间里,股市将会上涨到比现在高得多的点位。

20世纪20年代,美国为了稳定价格水平而实施的货币中央计划——这个"伟大的美国试验",最终以灾难收场。随着政府对经济危机的干预(首先是在胡佛任期内,其次是在罗斯福时期实行更强力的新政),美国的货币中央计划为美国带来了一个长达十年的大萧条。

就货币政策而言,美联储在20世纪20年代到底做了些什么?为什么这个政策成了灾难的导火索?为什么胡佛政府和罗斯福政府的做法加剧了这些危机,以致发展成大萧条呢?

20世纪20年代的美联储和稳定的价格水平

大萧条并不是"草率资本主义"与"被动和无为政府"的组合所造成的结果,大萧条是由美国中央银行(美联储)在货币管理上的错误造成的;大萧条之严重性和持续时间之长则是由政府干预主义和集体主义的政策造成的,这些政策阻碍了经济调整的进程,使其难以在很短的时间内恢复正常。

大萧条的祸根在1913年美联储成立时就已埋下。1913年之前,美国的货币体制有很多严重的缺陷——实际上这些缺陷都与联邦和各州对银行业的管制有关,美联储实际上建立了对美国货币和银行机构进行集中控制的机制,而这些控制又形成了货币中央计划这一机制。这一机制在第一次世界大战期间造成了严重的通货膨胀,在20世纪20年代则带来了"稳定"的幻觉,并在20世纪30年代带来了大萧条。

在美联储于1914年正式运转起来之后的第一个七年,美国的批发价格(wholesale prices)上涨了240%,这是怎么发生的?1914—1920年,流通的货币量增加了242.7%,活期储蓄(或支票账户)增加了196.4%,而定期储蓄增加了240%。

美联储建立后，其发行的钞票开始取代黄金证券（gold certificates）。不同于以前拥有 100% 黄金担保的黄金证券，美联储发行的钞票背后只有 40% 的黄金储备作为保证，这导致了货币量的急剧增加。新体系中的各成员银行被要求将一部分黄金储备移交给美联储，以便"节约使用"这一体系中的黄金。同时，美联储对银行存款负债（deposit liabilities）的储备量标准降低了 50%，其平均水平从 1914 年前的 21% 降至 11.6%，而这一储备量标准在 1917 年降至 9.67%，定期存款的储备量标准仅仅为 5%，并在 1917 年 6 月降至 3%。

对未偿银行负债储备量标准的降低使银行业出现了大量可用于外借的资金：1914—1920 年，银行贷款增加了 200%。这些多出来的贷款有很大一部分最终成为美国政府的证券，尤其是在 1917 年 4 月美国加入第一次世界大战之后。1917 年 3 月至 1919 年 6 月，美联储对私人部门的银行贷款增加了 70%，而它同期对美国政府证券的投资则上涨了 450%。

菲利普斯（C. A. Philips）、麦克马努斯（T. F. McManus）和纳尔逊（R. W. Nelson）等人在他们的重要著作《银行业和商业周期：对美国大萧条的研究》（*Banking and the Business Cycle: A Study of the Great Depression in the United States*，1937）中写道：

> 如果没有建立美联储，那么在战争期间很可能会出现对银行信用扩张的（更低）约束……美联储对储蓄进行集中储备和管理，使得在给定储备基础上出现了更大的信用扩张……美联储的运作正是战时价格暴涨的主要原因。

1920—1921年人们见证了战后经济的低潮,在这两年中,价格水平下降了约40%,而失业率高达10%以上。萧条尽管来得十分突然,但没有持续很长时间,为什么?因为美国经济中的工资和价格仍然有很大程度的灵活性。之前通货膨胀造成的市场失衡很快因工资和价格结构的适当调整而得到矫正——以便更全面地对市场中新的战后供给条件作出反应,但这种战后的调整并没有使价格回到战前水平。1922年,美国的价格水平仍比1913年高出近40%。这并不稀奇,因为根据米尔顿·弗里德曼和安娜·施瓦茨(Anna Schwartz)在《美国货币统计》(Monetary Statistics of the United States)中的数据,货币供应在这一时期仅仅缩小了9%~13%。

"1921年之后,美联储开始了其历史上伟大的价格水平稳定试验。"欧文·费雪在1928年真心盛赞道。这也正是美联储的目标,这一点还得到了本杰明·斯特朗(Benjamin Strong)的肯定,他在20世纪20年代曾担任纽约联储银行的主席,并成为同一时期美联储理事会中最具影响力的理事。1925年,斯特朗说:"我坚信……我们未来的整个政策,如同过去一样,在我们的调控下,价格将转向稳定。"1927年,他再次强调:"我个人认为,自1921年(萧条)以来,美联储的管理一直是在人类理性范围内尽量实行这一(稳定价格水平)政策。"

美联储是否成功地实现了稳定价格水平这一政策呢?批发价格指数(以1913年为基准年)显示,价格的平均水平保持在一个相对较小的区间内:1922年是138.5,1923年是144.1,1924年是140.5,1925年是148.2,1926年是143.2,1927年是136.6,1928

年是138.5，1929年是136.5。在20世纪20年代，平均批发价格与1922年相比，从未高出7%。而在大萧条发生之前（1929年），批发价格实际上比1922年大约低了1.5%。

就像欧文·费雪在1928年赞扬美联储政策一样，约翰·梅纳德·凯恩斯也在他的两卷本《货币论》（*Treatise on Money*，1930）中就这个记录说道："理事会在1923—1928年对美元的成功管理是一个巨大成就……这说明货币管理是可行的。"

那么，在价格水平稳定的20世纪20年代，美联储到底在多大程度上改变了货币和信用的供给呢？这个问题的答案取决于我们如何定义"货币供给"。米尔顿·弗里德曼和安娜·施瓦茨在他们著名的《美国货币史（1867—1960）》（*Monetary History of the United States, 1867–1960*，1963）一书中估计，1921—1929年的货币供给大约增加了45%（平均每年增加4.6%）。他们定义的货币包含了流通中的货币以及定期与活期储蓄（人们所说的"M2"）。

穆雷·罗斯巴德（Murray Rothbard）在《美国大萧条》（*America's Great Depression*，1963）中衡量货币供给时采用了更广泛的范围，包括货币、定期与活期储蓄、储蓄贷款协会的股金券（savings-and-loan shares）、寿险保单的现金价值等。罗斯巴德用这些数据估算出，在1921—1929年，货币供给增加了61.8%，平均每年增加7.7%。

据罗斯巴德测算，尽管储蓄贷款协会的股金券在1921—1929年的所有货币供给组成中增加的份额最大（达到318%），但它仅仅代表了这一时期全部货币供给的4%~8%。罗斯巴德估计，寿险保单的现金价值在这一时期增加了213%，而它代表的是货币供给的12.5%～16.5%。

如果将罗斯巴德的估算值减去寿险保单的现金价值，而在弗里德曼和施瓦茨的定义范畴中加入互助银行（mutual-savings banks）[①]、邮政储蓄系统和储蓄贷款协会的股金券（更宽泛的货币定义，也称为"M4"），那么所得结果实际上是吻合的。根据两种估算方法，货币供给在这一时期约增加54%，每年约增加5.5%。

然而，在这一年代，这种货币增加并没有以每年递增的形式出现。恰恰相反，货币的增加是突发的，尤其是在1922年、1924—1925年和1927年这3个时期，货币减速（monetary slowdown）则出现在1923年、1926年、1928年下半年与1929年上半年。这并不是偶然，而是源于美联储理事会的代表在试图逆转价格上涨或者经济衰退方面所采用的"协调"（fine-tuning）方法，他们将稳定价格水平作为成功的重要标志。

美联储影响经济中货币量的两个主要政策工具，一个是公开市场操作（open-market operations），另一个是贴现率（discount rate）。当美联储购买政府证券时，它通过创造新的储备来支付，银行可以在此基础上扩大贷款；而美联储通过出售政府证券，能够从银行系统中抽干储备，从而削弱各大银行扩大贷款量的能力。

贴现率则是美联储直接对其成员银行提供贷款的折扣率。在

[①] 互助储蓄银行（Mutual Saving Bank）是以其存款相互拥有的储蓄机构，它们一般都是在东部沿海各州获得许可证（其资产的75%在马萨诸塞和纽约）。它们类似于储蓄与贷款协会，但它们可以在更为多样的范围内进行投资，如债券及消费者贷款。——译者注

20世纪20年代的大部分时间，美联储将贴现率保持在市场利率之下，进而为成员银行创造了向美联储贷款并以更高的利率向市场放贷的动力，银行可以从中获得利润。即使在20世纪20年代美联储出售政府证券的时期，成员银行也往往能够通过以低于市场利率的贴现率向美联储贷款来扭转美联储从银行业吸干储蓄的趋势。

流通中的货币增量是货币扩张中一个曾被忽视的部分，它的比例不到1%。活期储蓄增加了44.6%，而定期储蓄则增加了76.8%，这带来了一次较大的经济繁荣。正如菲利普斯、麦克马努斯和纳尔逊在《银行业和商业周期》(*Banking and the Business Cycle*) 一书中解释的那样：

> 由于银行信贷资金过剩，银行利用其超额准备金扩大投资账户（为了充盈其投资账户），造成长期利率下跌，发行新股和债券也变得越来越有利可图、受人欢迎。这种资本市场的喜人情形带来闻所未闻的繁荣。真正的房地产繁荣开始出现，首先是在佛罗里达，很快就扩散到全国，最终，股票市场接收了过度的信用扩张。

为了遏制股市繁荣，美联储在1928年下半年和1929年上半年冻结了货币供给。货币紧缩政策最终在1929年10月影响了股市。

但为什么股市的下滑最终发展成了大萧条？除了股市的繁荣，并没有迹象表明当时存在不稳定的通货膨胀，也没有证据表明美国需要进入经济衰退调整阶段来重建经济中的某些基本平衡——正如我们所见，批发价格指数在1927—1929年几乎没有变化。

然而,在看似稳定的价格水平的表象之下显然存在一些力量,它们正在为经济矫正创造条件。但之前也发生过经济衰退,往往不会持续很长时间,很快就出现了复苏,为什么这次经济衰退就变成了大萧条呢?

本杰明·安德森和稳定价格水平的错误目标

很少有美国经济学家会想到20世纪20年代稳定价格水平会导致1929年10月的经济衰退，本杰明·安德森（Benjamin Anderson）是极少数预见美联储这一政策危险性的经济学家之一。作为这一时期纽约大通国民银行（Chase National Bank）的资深经济学家，安德森博士主笔《大通经济简报》（*Chase Economic Bulletin*），该简报每年发布4~5期。他在简报中对美国的经济现状进行了详细的分析，并特别关注货币和银行政策及其对市场的影响。他也经常批判性地对美联储政策进行评估，尤其是对"把稳定价格水平作为经济稳定的指南"这一理念进行批评。

关于这一主题最具洞见的文章是《"稳定美元"之谬》（"The Fallacy of 'The Stabilized Dollar'"，1920年8月）、《金本位与管理货币》（"The Gold Standard vs. 'A Managed Currency'"，1925年3月）、《银行货币和资本供给》（"Bank Money and the Capital Supply，" 1926年11月）、《银行扩张和储蓄》（"Bank Expansion and Savings，" 1928年6月）、《两个"新时代"的对比：1896—

1903 年和 1921—1928 年》("Two 'New Eras' Compared: 1896–1903 and 1921–1928," 1929 年 2 月)、《商品价格稳定是央行政策的错误目标》("Commodity Price Stabilization as a False Goal of Central Bank Policy," 1929 年 5 月)和《金融状况》("The Financial Situation", 1929 年 11 月)。

他认为,美联储已经通过自身权力减少了对成员银行的储备要求,并让成员银行可以直接以低于市场利率的贴现率从美联储借款,还使用"公开市场操作"向银行体系注入新的储蓄。这些美联储政策实施后,可用于借贷的银行储蓄增加了,这造成了活期储蓄,尤其是定期储蓄的巨大增长。结果,美联储在 20 世纪 20 年代制造了大规模的货币通胀。

本杰明·安德森说:"但是价格水平却保持了稳定,这造成了一种经济稳定的错觉。"他认为,1926 年和 1928 年,美联储的政策带来的银行信贷规模使得经济中的新投资超过了实际储蓄。受到约瑟夫·熊彼特(Joseph Schumpeter)《经济发展理论》(*The Theory of Economic Development*,1911)的影响,安德森认为,以银行信用形式出现的货币扩张降低了利率,吸引了许多人为长期投资项目而进行额外借款。这些额外的银行贷款(新制造的钱)使得投资者(借款方)将资源和人力从消费和经济中的其他用途中抽离出来,并将其重新投入不同种类的资本结构。换句话说,货币扩张导致人们开展各种投资活动,这时投资活动规模超过了实际的保证稳定投资模式的自愿储蓄规模。因此,当时美联储的政策正在美国经济中制造一种严重失衡的"储蓄－投资"关系。

安德森估计，1921—1928 年，美联储成员银行中的活期储蓄增加了 33.8%，而定期储蓄（其最低准备金由美联储设定，大大低于活期储蓄的最低标准）增加了 135.1%。他认为，随之而来的可借贷资金养肥了房地产业和建筑业，并使股市投机行为大量增加。

1929 年 2 月，安德森指出："过度银行储蓄造成了银行的扩张，超过商业需要的银行扩张使资本涌向资本用途和投机产业，而低利率和充盈的信用通常反映在高速增长的资本价值上。"在安德森看来，种种迹象都指向不可避免的经济下滑。

1929 年 5 月，安德森再次解释说，通过贴现率政策和公开市场操作，美联储在 20 世纪 20 年代已经制造了大规模的银行信用扩张。他承认货币扩张并没有带来价格水平的绝对上升，"但我仍认为，如果这次银行信用的巨大扩张没有发生的话，那么我们今天的商品价格水平会更低。这次扩张已经产生了影响，不是在商品价格上，而是在保持商品价格水平上"。

在 20 世纪 20 年代的 10 年中，生产力得到了巨大提升，技术创新层出不穷，而低成本、高效率的新方法也被应用到商业中。1921—1928 年，实际生产指数增长了 34.6%，这原本可以慢慢降低美国经济中的各种价格，使增加的商品供给和服务惠及消费者，但货币供给的增加抵消了这种价格下降的自然趋势。

安德森认为：

这种价格的改变是完全有益的，而且不应该受到干预。这种价格的改变往往不仅涉及特定价格的改变，还涉及一个国家中一般价格水平的改变，如果涉及大的生产商群体的话……"正确的价格"就是能够使商品市场出清的价格，但没人预先知道什么价格能够带来这样的结果。在自由价格和自由竞争的情况下，市场中的试验是唯一能快速而准确地找到"正确价格"的方式……要阻止这种价格变动就会导致贸易停滞。

而且在安德森看来，美联储稳定价格水平的政策及其他干预性政策使得价格无法体现有关供给的真实情况。稳定的价格水平已经变得失衡，这种政策必须予以纠正。

在股市崩盘之后，1929年11月，安德森写道：

我们现在的麻烦主要来自廉价的货币和不受制约的、可用于资本用途和投机的银行信贷，这种情况开始于1922年早期，在1923年中断，这种情况一直持续到1928年。在这段时期，商业银行的存款增加了133亿美元，而这些银行的贷款和投资增加了145亿美元。没有比廉价的货币和过剩的信贷更危险的"麻醉剂"了……（但是）当有人老调重弹，提出抗议的时候，当有人要求我们注意旧标准的时候，或者提出有关盈利、分红和账面价值这些问题的时候，这些声音被愤怒的"合唱"淹没了：它们唱着我们正身处一个"新时代"，在这个"新时代"里，账面价值没有意义，分红没有意义，而我们可以随时以任何比例套现……对于经济史研究者而言，这些都是令人担忧的似曾相识的景象。他们曾在很多不同的市场见过很多类似的情形……找到（股市）在特定时间崩溃的特定原因是没有意义的。这种崩溃早该发生，很早以前就该发生。在怀疑和反思打破魔咒的瞬间，大崩溃的发生就确凿无疑了。在人们开始使用纸和笔计算的时候，微妙的价格结构就到头了。

安德森认为，稳定价格水平的目标一直都是一个幻觉。此外，他在 1929 年 5 月的那期简报《稳定价格是中央银行政策的错误目标》(*Commodity Price Stabilization a False Goal of Central Bank Policy*) 中指出：

> 毕竟，一般价格水平仅仅是统计学家的思想工具。商人和银行家往往将指数视为价格趋势的指标，但没有哪个商人会在自己的账本中使用指数。他的账本会记录他的生意中所涉及的具体价格和成本……理想的商业条件建立在各组价格的适当关系上，而不是平均价格上。

安德森说的是，市场中真正重要的是相对价格关系，即消费品相对于生产要素的价格，作为资本成本的利率相对于一项投资（可预期）的未来回报率，以及消费品相对于资本品的价格。正是商品的相对需求模式与相对供给模式的比较产生了市场中的相对价格，而且正是这个相对价格结构创造了利润空间，进而引导企业家做出决策：如何使用和配置资源和劳动力以生产出各种各样的消费品和资本品。

市场中商品的一般价格水平是选定的商品各自的价格统计平均值。作为统计平均值，一般价格水平被淹没在所有这些价格关系的表象之下。实际上,只有这些商品各自的价格才会影响资源的使用和商品的生产。在20世纪20年代一般价格的"稳定"之下,美联储通过货币扩张操纵利率,并扭曲了不同种类的投资以及相对于资本品而言生产消费品的相对利润。

这些由货币政策造就的人为的相对价格关系导致了经济失衡,这种失衡最终需要调整和矫正。正如安德森在1931年6月的一期题为《均衡创造购买力:经济均衡和人造购买力》(*Equilibrium Creates Purchasing Power: Economic Equilibrium vs. Artificial Purchasing Power*)的简报中所解释的那样:生产和价格失衡,成本(包括劳动力工资)与市场中商品的销售价格失衡,资产和资本价值与实际的市场条件失衡,这些价格、成本和生产关系的失衡在大萧条中显露出来。

安德森坚持说:

恢复均衡状态无法通过政府计划来实现。政府既没有权力,也没有智慧通过法令来规划经济生活。这些调整只有通过个人趋利避害的进取心,并以市场价格作为指导等才能实现。这一机制只有在价格能够自由波动并反映真实情况时才起作用。对商品进行人为的官方定价,不管是由政府还是由生产者的私营组合定价,都会扭曲这种机制,并阻碍必要的调整。

在安德森看来,正是受到政府支持和强化的价格以及工资刚性造成了严重的大萧条。因为这种刚性阻碍并延误了价格、工资和生产及其相互关系的必要调整,阻碍了通过竞争性市场力量平衡经济增长的正常工作机制。

对"价格水平稳定会带来一般经济稳定"的观点提出疑问的美国经济学家为数不多,安德森就是其中之一。在欧洲则有众多经济学家对欧文·费雪等人的观点提出了质疑,其中最重要的当属奥地利学派经济学家,其领军人物是米塞斯和哈耶克。他们颠覆了所有支持价格水平稳定观点的理论假设,并说明了为什么政府在20世纪30年代引入的各类政策会延长和加剧后来的大萧条。

第二章

货币、商业周期与奥地利学派

如果货币变化总是对市场具有非中性的影响，那么货币当局试图通过改变货币供给来保持"稳定的"价格水平的设想本身就可能是经济中的不稳定因素，这实际上正是米塞斯的奥地利学派同人哈耶克的观点。

奥地利经济学家对货币起源和购买力的看法

早在第一次世界大战前,很多著名的美国经济学家就对欧文·费雪提出的通过政府对货币的操纵来稳定价格水平的观点多有批评。哈佛大学的弗兰克·陶西格(Frank Taussig)、芝加哥大学的劳伦斯·劳克林(Laurence Laughlin)和伊利诺伊大学的大卫·金利(David Kinley)就强调说,执行费雪的方案将会加剧(而非减轻)经济的不稳定性。

但是,实际上是奥地利学派的经济学家以最雄辩的论证反驳了20世纪20年代的稳定价格水平政策。要理解他们对稳定价格水平的批评性言论,我们有必要从奥地利学派的创始人卡尔·门格尔(Carl Menger)说起。

在他的著作《国民经济学原理》(*Principles of Economics*,1871)和《货币》(*Money*,1892)中,门格尔解释了交换媒介的起源。人们经常在交换商品的时候,遇到无法克服的困难。潜在的交易一方可能并不想要另一方所拥有的商品。如果交易中的商品不能被轻易分割成份以满足相应的交易条件,那么交易便无法完成。

结果是，人们想要找到能实现他们的目的的间接方法。一个人可能先把手头的商品换成他暂时不需要的东西，因为他认为，相对于他想要的商品而言，这个他暂时不需要的东西更容易被别人接受。于是他会用这个对自己没有直接用处的商品作为媒介来进行交换，比如用商品 A 来换取商品 B，然后再用商品 B 去换取商品 C。在这一系列交易中，商品 B 就成了媒介。

门格尔继续解释说，随着时间的推移，交易者发现，某些商品的品质和适销性使它们更适合成为交换媒介。有些商品在广大的潜在交易者群体中有更大的需求，有些商品便于运输，也易于根据商定的交换条件分割成合适的数量，有些商品更耐用和稀缺，而且难以再生。历经很长一段时间后，拥有上述属性的恰当组合的商品，往往成为不断扩大的贸易和商业领域内最被广泛使用和易于接受的交换媒介。

因此，那些商品在历史上变成了市场中的货币商品（money-goods），因为货币的定义正是在市场中得到最广泛使用且被公认为是交换媒介的商品。

最初，货币是市场中的普通商品，因其易销品的特性和其作为媒介的特殊用处而慢慢受到人们的青睐。而且，随着时间的推移，事实上货币作为普通商品的用途，可能已被作为交易媒介的用途所取代。从历史上来看，黄金和白银成了被普遍接受的交易媒介——市场中的货币商品。

对于门格尔和之后的奥地利经济学派学者而言，这有力地证明了，从理论和历史的角度来看，货币不是政府的创造物或者人为产物。就其起源而言，货币自然地从市场进程中产生，随着个人在贸易和交易中寻找更好和更简便的方式来满足他们的愿望而出现。

奥地利经济学派提出的第二个问题是：一旦人们开始使用一种货币，我们该如何判断其在市场中的购买力或价值呢？门格尔和米塞斯先后回答了这个问题。米塞斯在他的著作《货币和信用理论》(*The Theory of Money and Credit*，1912；第2版，1924)中利用大量篇幅回答了这个问题。

在以物易物的状态下，当所有商品都被直接用于交换其他商品的时候，市场中每种商品的价格都有与其进行交换的商品的价格作为相对价格。但在使用货币的经济体中，商品不再直接用于交换其他商品，取而代之的是，每种商品首先被卖掉，换成钱，然后人们又用这些钱来购买他们想要的其他东西。每一件商品都只有一种市场价格，即货币价格。

但货币仍然是一个例外。货币是一种可以直接用于交换市场上其他商品的商品，因此货币没有单一的价格。实际上，货币与市场中可交易的商品一样拥有诸多价格。货币的购买力就是一系列或一组货币和它能够交换的其他商品之间的交换比率；而任何一个时刻的货币的真实价值则是一组特定的交换比率，人们用货币交换其他商品时，这一比率就得以体现。

从定义来看，货币的购买力和价值一直在变化。人们出售商品换取货币或用货币购买商品的意愿及能力的任何变化，都将改变货币和商品之间的比率。如果人们的偏好发生改变，比如他们现在想多买鸡肉，少买汉堡，那么市场对鸡肉的需求就会增加，而对汉堡的需求就会减少，这将改变鸡肉和汉堡之间的相对价格，鸡肉的价格相对于汉堡的价格来说往往会上涨。但与此同时，这种变化还会改变货币的购买力和价值，因为现在鸡肉的货币价格将会上涨，而汉堡的货币价格会下降。因此，市场中货币和其他商品之间的这一系列或这一组交易比率，也会与之前不同。

现在，假设人们的偏好改变了，他们对商品的需求减少了，并且想通过出售商品换取更多货币，作为用于未来交易的可用现金余额。对商品的需求减少意味着对持有货币（现金余额）的需求增加。此时，商品的货币价格趋于下降，而每单位货币的购买力或价格则会上升，原因是，在更低的商品货币价格条件下，每单位货币在市场中将会具有更大的购买力。

除非在货币价格上涨的同时，人们减少对商品的需求，否则商品的相对价格也会发生变化。为什么？举例来说，如果对鸡肉需求的下降幅度超过对汉堡需求的下降幅度，那么即使在同样低的货币价格条件下，鸡肉的货币价格仍会比汉堡的货币价格下降得更多。随着货币价格水平或发行规模的改变，相对价格的结构也会发生改变。

因此，欧文·费雪所说的的，就像我们已经对码尺、磅重和品脱杯进行了标准化那样，我们应该稳定美元或使其标准化，其实是建立在一个错误的类比上。

但货币的购买力或价值并不是一个固定的计量单位，它是由货币和其他商品的交换比率构成的，反映了市场参与者对各种商品的需求以及对它们现在的估值和变化的估值，是对花掉货币购买商品与持有货币作为现金余额的吸引力大小的比较。

米塞斯在《货币和信用理论》以及之后的文章《货币稳定和

周期政策》("Monetary Stabilization and Cyclical Policy", 1928）中，也质疑了欧文·费雪使用指数来计量货币购买力的提议。举例而言，消费者价格指数是通过选择一组商品作为普通家庭中经常购买的商品的"代表"，我们称其为消费者篮子。在这个消费者篮子里的各种商品继而可以被"计量"，即通过我们假设的某个家庭在任意一段时间里购买的每种商品的相对数量来进行计量。我们将这些商品的价格乘以购买每种商品的相对数量所得的数，作为购买这个消费者篮子的成本。

不管一开始购买这个消费者篮子时所需要的货币数量在随后一段时间能购买更多还是更少商品，这些商品的价格与人们假定购买的固定数量相乘所得的结果，在一段时间内都决定了这个家庭（消费者）的生活成本是上升还是下降。

米塞斯认为，指数的构造实际上是建立在武断假设上的虚假统计，而并非对货币购买力的变化进行精确计量的方法。第一个武断假设与对消费者篮子中商品的选择和赋予它们的权重有关。每个人对商品的偏好不同，即使是收入和所属社会群体相同或者地理位置相同的人，相互之间的差异也很大。因此，选择把哪些商品放到这个篮子中是没有科学依据的，我们也不能认为放入篮子里的商品数量"具有代表性"。

第二个武断假设跟篮子中商品被赋予的权重有关，即假设在一段时间里，人们开始购买的商品数量与未来购买的商品数量相同。但在实际的市场交易中，人们购买的各类商品的相对数量总是在变化，人们对商品的偏好和期望也一直在变化。即使人们对商品的基本偏好没有变化，在真实世界中，各种商品的相对价格也在变化。人们倾向于在某种商品价格上涨时少买,在价格下降时多买,或者多买那些价格上涨幅度小的商品。

第三个武断假设是市场中没有新的商品,且旧的商品也没有从市场中消失。然而,市场上出现新商品以及旧商品从市场消失这两种情况都很普遍,而且都会改变消费者篮子中的商品类型和数量。

第四个武断假设与市场中销售商品的质量的改变有关。具体来说,尽管一个质量一直在提高但价格却未曾变化的商品现在降价出售,即消费者用同样多的钱买到了更好的东西,但指数却没有记录消费者货币价值的增加。一件商品的价格上涨,同时质量也有所提高。价格上涨有多少是因为商品变得更好了,有多少是因为商品的供需情况同时发生了变化,这是很难确定的。

米塞斯的结论是,没有任何一种科学方法能够准确估算在某段时间里货币的购买力或价值是否发生了变化或发生了什么变化。因而,把欧文·费雪所提出的统计方法用于指导货币政策,并试图用它稳定价格水平,从根本上来说是一个不可救药的错误。

但不管指数的构造和应用是否有缺陷,价格水平的稳定都是20世纪20年代美联储的指导目标。这个政策是造成市场不平衡的重要因素,并最终导致了大萧条。

米塞斯和货币非中性

19世纪50年代晚期，英国经济学家约翰·E.凯恩斯（John E. Cairnes）发表了一系列文章，分析人们在澳大利亚发现黄金后的一系列事件。他解释说，黄金的增加首先给澳大利亚沿海市镇商品和服务的价格带来了影响，那里的矿工起初用新发现的黄金进行交易。对商品和服务需求的增加大大刺激了澳大利亚的商品进口，澳大利亚商人用矿工付给他们的黄金来支付这些增加的商品储备。随着黄金的进入，欧洲各国市场开始使用黄金支付，那里的商品和服务价格也开始上涨。接着，由于欧洲的生产商对亚洲和非洲的资源的需求，他们用流通到自己手中的黄金来支付这些资源的成本。于是，世界上其他地区的商品和服务的价格也开始上涨。

黄金供给的增加带来了世界各地商品和服务价格的普遍上涨，但是价格上涨遵循的规律是：新增黄金供给先进入哪个市场，哪个市场的价格就先上涨；其遵循的支出和收入顺序反映在对商品和资源的需求增加上，并与价格上涨的时间顺序（得到新增的黄金的顺序）完全一致，同时也与得到黄金的人将其花在哪个市场上相符。

长久以来，人们认为货币数量的改变对一般价格涨跌具有长期影响，但不同经济学家所使用的特定分析方法不仅影响了关于货币对经济作用的解释，也影响了根据这些分析所得出的各种政策结论。

对于这个问题的解释之一是欧文·费雪在《货币的购买力》和他的其他作品中提出的"总量"（aggregated）分析。正如前文所述，费雪认为，货币供给的增加会引起销售价格的上涨，这与生产成本有关。销售价格和成本之间的利润空间的暂时增加（原因是成本在一段时期内被合约限定）激励着企业增产，但当合约开始更新并使成本跟随价格上涨时，利润空间就会恢复"正常"，而商业周期中的"繁荣"阶段就会终结。这个阶段之后，商人发现他们过度膨胀的计划是不可持续的，就会进入矫正期——这就是商业周期中的衰退期和萧条期。

费雪总结说，货币供给的意外增加导致了上述商业周期，这使得销售价格相对于成本上涨了。他的政策"处方"是保持价格水平稳定。他认为，如果这样做，"价格-成本"关系就会保持一定的稳定性，至少也能保证这一关系受到货币力量的影响，相应地，这将缩短甚至消除上述商业周期。

另一个解释货币对价格和生产的影响的分析方法与凯恩斯所代表的经济学派的理论一脉相承。这种解释是，货币供给会进入经济中的特定轨道，并按照时间的先后顺序，从一个人传递到另一个人，从一个经济部门传递到另一个经济部门。这一分析就这样被"拆解"成了关于货币对经济影响的研究。

这种货币分析的传统理论正是奥地利学派经济学家们所遵循的，它的主要解释者是米塞斯。他在《货币和信用理论》《货币稳定和周期性政策》和他的经济学集大成之作《人的行为》(*Human Action*, 1949) 中发展了这一理论。

如果货币数量的增减导致所有价格同时成比例增减，那么货币供给的变化对经济的影响应该就是中性的。也就是说，货币数量的变化既不会影响相对价格结构，也不会影响社会中个人和群体的相对收入份额。如果是这样的话，货币对经济的影响就仅仅是名义上的，而非真正意义上的。

一方面，米塞斯和奥地利学派的经济学家认为，货币对市场的影响在实际效果上一直都是非中性的。这正如欧文·费雪等经济学家所辩解的那样，货币非中性的原因仅仅在于货币供给的改变并不能完全被人们所预料，结果就是，人们在订立资源和劳动力合约时并没有完全将实际的价格变化率融入资源价格和工资谈判中。因此，成本价格将会暂时滞后于销售价格，造成暂时的利润差异。

另一方面，奥地利学派经济学家坚持认为，即使资源价格和工资像销售价格一样灵活，甚至市场参与者能够完全预见由价格指数衡量的一般价格水平的平均变化率，货币就其效果而言也仍是非中性的。

原因在于奥地利经济学派的分析方法：米塞斯指出，市场环境的任何变化最终都能够在一个人或更多人的境遇中找到起因，市场中发生的一切都始于市场中的人所做的决定和选择。

如果货币供给增加，那么某些人持有的现金就会有所增加，而这恰恰是由货币数量的改变所引起的社会后果的起因。他们一发现自己手里有超出一般情况的现金数量，就会把这些多余的现金花在他们喜欢或者觉得有利可图的特定商品和服务上。

由于货币供给的增加，人们对市场中商品和服务的需求也开始增加，但并不是所有的需求一开始都会增加，而是持有多余现金余额并愿意大量购买某些特定商品的个人的特定需求会增加。价格会开始上涨，但在"第一轮"上涨过程中，只有需求有所增加的特定商品的价格会上涨。

当人们把货币花在那些特定商品上，最终的销售额就成了那些商品的商家收到的额外的货币。那些商家发现自己的现金状况改善了，于是他们对市场上各种商品和服务的需求也持续增加。因此，就有了价格的第二轮上涨，但第二轮上涨中受到影响的价格是新的货币接受者所需要的特定商品的价格。

人们在价格的第二轮上涨中花掉的货币成为另一群商家获得的额外的货币。同样，这些商家也发现他们的现金状况改善了，于是他们对市场中各种商品和服务的需求也进一步增加了。这带来了"第三轮"价格上涨，但只是那些需求增长的商品的价格才有所上涨。

这个过程将一直持续到经济中的所有商品和服务的需求普遍受到影响为止。那时，所有的价格在一定程度上都已经受到了货币扩张的影响：一般价格会变得更高，但每种商品或服务的价格都是按照特定顺序受到货币增加带来的影响的，不仅受影响程度不同，而且在不同时间节点受到的影响也不同。

货币的变化是以一个特定的时间序列对经济产生影响的，这意味着市场中的相对价格关系已经变了。连续的价格增长差异改变了各种商品的相对获利情况，而这又反过来影响了各个经济部门对资源和劳动力配置的需求。只要市场仍然处于通货膨胀阶段，对商品和服务的需求以及生产要素的分配就与通货膨胀发生之初的情况不同，也与通货膨胀结束之后的情况不同。

与此同时，那些商品和资源（包括劳动力工资）的价格以非中性的方式改变，这意味着收入和财富将在个人和群体间作为货币过程的一个内在部分进行分配。那些在通货膨胀早期得到货币供给的人有能力在价格对经济产生全面影响前购买更多的商品和服务。另外，那些更晚受到货币扩张影响的人，则不得不为他们所购买的很多商品支付更高的价格，而他们自己的商品价格和工资要么根本没有上涨，要么涨幅不如价格涨幅那么大。这就不可避免地造就了货币供给改变之后时间序列中的净收益者（net gainers）和净亏损者（net losers）。

任何市场参与者对一般价格水平的预期都不过如此——一般价格水平只是统计学上计算出的个体价格变化的平均值。在通货膨胀（或通货紧缩）过程中和结束后，有些价格将比平均数上涨（或下跌）得更多或更少。要使货币在通货膨胀（或通货紧缩）过程中保持中性，每一个市场参与者都要正确地预见其特定资源（包括劳动力服务）的需求和价格在哪个时间段里（特定的时间序列中）和在多大程度上受到货币扩张（或收缩）的影响。他们需要的信息显然比市场主体能够拥有的多得多。

很多资源和劳动力服务受到不同期限合约的限定，而货币的非中性并不依赖于此。即使情况不是这样，在某次通货膨胀（或通货紧缩）过程的时间序列中，不同商品的价格也会在不同时间受到影响，这会改变生产商的相对利润。正是这些价格差异影响了生产者在某次通货膨胀（或通货紧缩）中的生产决定，而不仅仅是因为有些商品的价格和工资受到了合约的影响。

同样，对货币供给的不可预料的变化并没有使货币变得非中性，也不会因此就对产出和就业产生实际影响；恰恰是因为货币变化对经济的影响过程并不能被完全预料到，而且作为通货膨胀或通货紧缩过程的内在部分，这个过程实际上改变了商品的价格和个人与群体之间的相对收入情况。

如果货币变化总是对市场具有非中性的影响，那么货币当局试图通过改变货币供给来保持"稳定的"价格水平的设想本身就可能是经济中的不稳定因素，这实际上正是米塞斯的奥地利学派同人哈耶克的观点。

哈耶克与稳定价格水平的不稳定性影响

社会生活水平提高的一个表现是消费者可以获得更多商品，而且商品的质量也会有所提高。举例来说，1880年之后的20年，美国经济的生产能力急剧提高，同时伴以商品和服务数量的显著增加。在米尔顿·弗里德曼和安娜·施瓦茨的《美国货币史（1867—1960）》一书中，他们指出：

19世纪的最后20年，人们见证了每年超过2%的人口增长、铁路网的快速延伸、大陆定居点的基本完成，以及农业用地和农产品产出的非同寻常的增加……制造业甚至更为迅速地增长。

结果就是，1879—1897年的实际国民生产净值以年均约3.7%的速度增加，而人均国民生产净值在这段时间以年均1.5%的速度增加。当然，生产力的提高和产出的增加并不是每一年都会发生的。在这一时期，美国经历了几次严重的经济衰退，有些是当时的政策分歧引起的不确定性导致的，例如美国当时面临的问题是继续保持金本位，还是改为黄金和白银复本位。

美国在这段工业高度发达和生活水平不断提高的时期出现的另一个有趣的现象是，一般价格在下降。1865—1899年，平均价格水平下跌了45%以上。1880—1897年，一般价格水平下降了42%以上，每年下降2%～3%。

正如米尔顿·弗里德曼后来所说："经济增长与价格下降是持续的。"假设既没有货币供给的增加，也没有货币需求的减少，而生产效率的提高和产出的增加是必然的，市场中商品和服务数量的增加将会导致其价格下降。如果任何商品的需求是给定的，且所有商品都用于销售，并能吸引足够的购买者，那么该商品供给的增加将使价格下降。

如果生产率的改善和产出的增加差不多同时发生在多个经济部门，那么很多商品价格都将下降，每种商品价格的下降程度足以将供给和需求带回市场平衡状态。如果我们计算出这些商品供给增加前后市场价格的平均值，那么计算结果会显示出商品和服务的一般价格水平都下降了，市场则会经历一次价格收缩。

这类通货紧缩过程本身显然没有什么害处。如果一个企业家引进某种先进技术来降低生产成本，是因为他希望以更低的生产成本来获得更多利润，所以下调价格是他计划的一部分。即使在一段时间里出于参与市场竞争的需要，他把价格下调到等于现在的生产成本，对于经济整体而言也没有什么负面影响。因为竞争将发挥作用：通过竞争，使价格达到与最有效的生产成本相匹配的最低水平。

当然，一个企业家可能会高估市场对低价商品需求的数量结果就是，他的总收入会比他提高成本效率前更低。这也意味着消费者对市场上其他商品的估值要高过这个企业家生产的特定产品。举例来说，假设过去他的商品价格是10美元，且每月销售100单位的商品，那么他的每月总收入是1 000美元。假设新的商品价格是9美元，而他每月销售105单位的商品，那么他的总收入是945美元。消费者将会更多地购买他的产品，但这样做却让消费者自己节约了55美元。

  消费者继而会用这些攒下的美元购买他们之前买不起的其他东西。假设另一个市场中的企业家也改善了自己生产线的成本效率，此前，他每月以16美元一单位的价格售出200单位的商品，总收入是3 200美元；现在，他把价格降低到15美元，并每月售出217单位商品，他的总收入是3 255美元。消费者会用购买第一种商品省下的55美元更多地购买第二种商品。在企业家将成本效率引入生产并降低了价格之后，消费者在两种商品上的花费仍为4 200美元，但现在他们能够购买105单位的第一种商品和217单位的第二种商品。他们的生活水平随着他们所拥有的美元的真实购买力的增加而提高了。

  用经济学家的话来说，对第一种商品的需求是非弹性的（价格下降时，总收入少于之前），而对第二种商品的需求是弹性的（价格下降时，总收入多于之前的）。结果就是，生产商应该放弃生产第一种商品，把相关资源（包括劳动力）用在第二种商品的生产上。长期来看，这样做是必然的。需求或供给的变化会改变产品的生产方式、生产地点和生产资源的组合。这是自由社会的人们对自由市场中的商品和服务的数量增加和质量提高所支付的价格的一部分。

如果有人想在更高的成本效率和更多的供给条件下阻止价格调整到市场出清水平，结果只能是市场的失衡和扭曲。这些调整必须遵从供给和需求的实际情况，延迟或者阻止这些调整只会造成市场积压，并最终造成更严重的后果和更尖锐的矛盾；倒不如让市场自己进行必要的渐进式的调整，其作用会慢慢地显示出来。

20世纪20年代晚期和30年代早期，经济学家哈耶克认为，稳定价格水平的政策正在导致市场失衡，它试图在成本效率和在市场中提供更多的商品供给条件下阻止价格下降。他在论文《跨期价格均衡和货币价值的运动》，以及《货币理论和贸易周期》（*Monetary Theory and the Trade Cycle*，1929）和《价格与生产》（*Prices and Production*，1931）这两本著作中阐述了这一观点。哈耶克说：

如果要在一段时间内保持供给和需求间的一种合理平衡，那么每种商品的价格就必须反映各个时期某个商品或某组商品的实际供给和需求情况。尽管随着时间的推移可能会出现不同的市场条件，但是任何将某个商品或某组商品"稳定"在某一"水平"的尝试，都会引发市场的"不稳定"反应。

举例来说，如果生产商引进的某种生产创新降低了成本，使得某商品的供给增加，而且未来的供给和需求也像现在一样均衡，那么未来该商品的价格（假设需求不变）将比现在的价格更低。如果生产商想要让该商品未来的价格"稳定"在现在的"水平"，那么为了与更低的生产成本相对应，未来的预期利润空间将比自然条件下市场力量通过竞争压低价格而带来的利润空间更大。与"真实的"供需情况相比，未来"稳定的"更高价格将导致生产过剩，而"多生产的部分"最终会打破市场的稳定。

任何商品都有可能发生上述问题，那些因在各个市场中降低成本而引起的产出扩张也会引发上述问题。在这种情况下，如果允许每一种商品价格都实现其合理的均衡水平，那么用某种统计平均值来衡量的话，一般价格水平将降低，但相对价格将会在一段时间内保持各种供给和需求的平衡状态。

然而，在20世纪20年代的大部分时间里，在生产中引入成本效率带来了商品供给的增加，为了阻止价格下跌，美联储扩大了货币供应。货币扩张导致了这样一种情况：市场中各种商品和服务的价格都高于货币供给未增加前的价格。

用我们前面举的例子，假设两个企业家都把他们的商品成本降低了1美元，这让他们能够将商品价格从10美元和16美元分别降低到9美元和15美元；但现在假设货币当局增加货币供给322美元，并将这笔钱分配给消费者，让他们能够以原来每单位10美元和16美元的价格分别多购买5单位的第一种商品和17单位的第二种商品。第一个企业家现在的总收入是1 050美元，而不是945美元，而第二个企业家的总收入是3 472美元，而不是3 255美元。我们的两位企业家将分别多赚105美元和217美元，而消费者花在这两种商品上的钱总共是4 522美元和4 200美元。

这种人为保持的销售价格和赚取的更大利润将会刺激这两位企业家扩大产出，比如说，将两种产品的产出分别扩大到110单位和225单位。对于能够按照原来的价格（10美元和16美元）

购买更大数量商品的消费者而言，总消费支出将是4 700美元（第一种商品1 100美元，第二种商品3 600美元）。如果在市场上出现额外的商品供给之前，货币供给没有增加178美元的话，企业家将发现他们增加的供给已经超过了消费者原来10美元和16美元的购买能力。

此外，企业家会在更高利润的刺激下扩大产出，在这个过程中，如果要提高生产水平，就必须从其他经济部门吸引更多资源和劳动力。因此，他们多赚取的利润的一部分将不得不被耗费掉，原因在于他们要用更高的资源价格和工资吸引其他经济部门的资源和劳动力。

除非改变消费者的需求，否则当资源所有者的投入能够获得更多回报以及工人能够赚取更高的工资的时候，他们就不会用这些钱购买在市场中能够轻易买到的这两种商品，而是购买其他那些他们更偏好购买的东西。结果就是，人们发现市场中这两种商品的供给太多了，而其他商品则太少了。

此时，市场将不得不经历一个修正过程。在这个过程中，这两个原来引入成本效率的经济部门的产出被削减，而资源和劳动力不得不被重新分配到消费者需求更大的经济部门中去。稳定的价格水平所带来的经济稳定的幻象，将掩盖稳定价格水平政策下的货币扩张。这种扩张实际上正在扭曲利润空间，并造成市场中各种商品相对供应的失衡。

奥地利经济学家进而将他们的货币理论与资本和利息理论结合起来，并发展出我们所熟知的奥地利学派商业周期理论。

奥地利学派资本和利息理论

时间是人类生存过程中不可分割的一个要素。我们所做的每件事情都涉及时间，就算是阅读也要花费一段时间，而且阅读的这段时间也不能用来做其他事。

人们在生产过程中和做选择时，时间是一个非常重要的因素，从该学派的创始人卡尔·门格尔开始，这一点被很多奥地利经济学家反复强调。

但在奥地利学派早期的成员中，欧根·冯·庞巴维克（Eugen von Böhm-Bawerk）最早发展了关于时间在生产活动和人的选择中的作用的理论。他所著的《资本和利息》（*Capital and Interest*）的前两卷出版于19世纪80年代，而主要用来回应人们对他的批评的第三卷出版于1914年，之后不久他便去世了。

20世纪早期，对奥地利学派时间理论有重要贡献的人还有美国经济学家法兰克·A. 费特（Frank A. Fetter）。他对"时间估值"过程的分析主要写在两本著作里：《经济学原理》（*The Principles of Economics*，1904）和《经济原理》（*Economic Principles*，1915）。

20世纪三四十年代，奥地利学派经济学家也做出了其他贡献，这些贡献来自哈耶克的《价格与生产》和《纯粹资本理论》（*The Pure Theory of Capital*，1941）、理查德·冯·斯特里格尔（Richard von Strigl）的《资本和生产》（*Capital and Production*，1934）、米塞斯的《国民经济学》（*Nationalökonomie*，1940）和《人的行为》。

我们在行动时都得考虑时间因素，并在时间中做出行动。不管是煮一个鸡蛋还是建造一艘宇宙飞船，我们都要等待结果出现，我们用看似最合理的办法努力达到心中想要达到的目标。

但原因（用到的办法）总是先于结果（最终效果或者目标）而出现，而且在那个原因出现和其造成的最终结果之间总要有一段时间，这段时间可能是几分钟，也可能是很多年。因此，我们的每个计划中总是包含一段时间。

然而，我们的生产计划从来都不是一蹴而就的。在产品最终成为我们想要的样子，即制成品之前，我们可以使用的资源通常必须经过一系列生产阶段的各种转换：我们从森林里砍一棵树，把木材运到木材厂，锯开木头并运到纸浆厂，生产成纸张，将其包装起来运到印刷厂，然后我们把纸张裁成特定尺寸，逐页印刷，最后制成一本书，通过快递送到你的手里。所有我们能想到的商品的生产制造，都与这个简单的例子类似。

然而，要开展这些生产活动需要一定的物资储存。原本用于满足我们短期愿望的资源和原材料，现在必须储存起来，以进行更加耗时的生产活动。首先，这类资源必须转换成资本财货（capital goods）——工具、机械和设备，这样的话，那些没有在更直接的消费品行业就业的工人就能够将他们的劳动与更加耗时或"曲折复杂"的生产过程结合起来。其次,这些资源和消费品必须能够为生产过程中的那些雇员所用。

储蓄越多,社会能够进行的生产过程就越多,生产过程占用的时间也就越长,未来可供我们消费的高质量商品的数量就越多。为什么?因为通常在其他条件一致的情况下,生产过程耗时越长,或者越"曲折复杂",生产方法就越富有成效。然而,生产时间越长,我们对要使用之物或者消费之物的等待时间就越长。因此,人们不得不评估这种等待的情况:他们是否愿意牺牲时间去等待某种潜在的更好的效果——这种效果只能用更多的时间才能得到。

人们愿意用于等待的时间长短各不相同,而对时间的不同估值则为潜在的贸易收益带来了机会。那些愿意延迟消费和使用资源的人,可能会获得比他们自己的收入和财富更有价值的资源和商品。而那些不愿意等待的人会在未来为当下的消费和资源使用付出代价。

随着交易者对时间的价值和资源的使用进行评估和"讨价还价",市场中出现了跨期价格,并形成了利率。利率反映了市场参与者对资源和商品现在的价值与未来的价值进行比较的时间偏好。

就像时间的价格一样,利率使一些人储蓄的意愿和其他人借款的意愿达到平衡。利率不仅协调了储蓄者的计划和投资者的计划,还发挥着"刹车"和"调节阀"的作用,它利用社会中的可用储蓄对生产周期进行调节。

举例来说,假设我们问这样一个问题:在市场年利率为 10% 的情况下,未来 1 年、2 年和 3 年获得的 100 美元回报,换算成现在的价值为多少?它们分别是 90.91 美元、82.64 美元和 75.13

美元。现在，假设人们的时间偏好发生了变化，他们倾向于增加储蓄，便会有更多的储蓄用于贷款，这使得利率下降到 7%，那么 1 年、2 年和 3 年后的 100 美元投资回报，换算成现在的价值又是多少呢？它们换算成现在的价值分别是 93.46 美元、87.34 美元和 81.63 美元。

这三类潜在投资的价值都会增加，但投资期限不同，价值增加的比例是不同的。在 1 年期投资中，价值可以增加 2.8%；在 2 年期投资中，价值可以增加 5.7%；而在 3 年期投资中，价值可以增加 8.6%。显然，利率下降使得（获得同等收益）所需的投资增加或周期延长。

如果人们的时间偏好反过来，即人们选择减少储蓄，这会造成利率上涨，那么长期投资就显得没那么有吸引力了。如果利率从 7% 上涨到 10%，那么 1 年、2 年和 3 年期投资的 100 美元回报的价值将分别减少 2.7%、5.4% 和 8%。这将使生产时间短的投资显得更加具有吸引力。

在一个真实收入增加的经济体中，获得收入者不需要减少绝对消费支出就可以增加储蓄。假设获得收入者的时间偏好是他们把收入的 25% 存起来，那么当他们有 1 000 美元的收入时，他们会存 250 美元；如果他们的储蓄偏好上涨到 30%，他们的消费支出将从 750 美元下降到 700 美元，这样才能使储蓄从 250 美元增加到 300 美元；然而，如果获得收入者的真实收入增加到 1 100 美元，而且他们的储蓄偏好增加到 30%，那么他们要从更高的收入中拿出 330 美元存起来，但消费支出仍然会增加，为 770 美元。这就是为什么在一个增长的经济体中，在不牺牲绝对消费支出的情况下，即使在更长的生产时间内，新的资本组成和投资也会带来储蓄的增加。随着获得更多的真实收入，获得收入者的消费增加了，尽管这比选择把更多收入存起来的情况下增加的程度要小一些。

如果人们对消费品的需求下降而储蓄有所增加，那么生产者投资更多资金和提高生产能力的动机又是什么呢？这是20世纪初一个名叫 L. G. 波斯泰多（L. G. Bostedo）的经济学家对庞巴维克提出的批评。他认为，既然市场需求激励着生产者生产商品，并把商品带到市场中去销售，那么获得收入者储蓄更多而消费更少的决定会取代将更多的储蓄用于新的资本项目的动机。波斯泰多得出的结论是，更多的储蓄不能成为投资增加的动力，反而造成了延迟投资，也影响了资本的构成。

1901年，在一篇题为《储蓄的功能》("The Function of Savings")的文章中，庞巴维克回应了这一批评。"在波斯泰多的假设中，他漏掉了一个重要的词，"他指出，"波斯泰多先生假设……储蓄预示着对消费品需求的减少。"庞巴维克继续写道：

这里他漏掉了一个词——"现在"。进行储蓄的人减少了对现在的商品的需求，但并没有减少对那些能够给其带来快乐的商品的期望……人们进行储蓄的首要动机，恰恰是为他们的未来或他们后代的未来做好准备。这只意味着他们愿意动用一定的手段满足他们未来的需求，也就是未来的消费需求。换句话说，那些储蓄的人减少了他们现在对消费品的需求，仅仅是为了同等程度地增加他们未来对消费品的需求。

即使未来人们对消费品存在需求，企业家又怎么知道要进行哪种投资以及要为未来的更高消费需求准备多少商品呢？

庞巴维克的回应是，生产总是具有前瞻性的：这是一个在今天使用生产手段、制订生产计划，并在明天销售消费品的过程。企业家竞争的目的恰恰就是不断测试市场，以便更好地改变生产模式以适应不断变化的消费者需求模式。竞争是将供给和消费需求引向平衡的市场手段，如果出了错，损失或者低于预期的利润会刺激人们对生产进行适当调整，并促使劳动力与资源在各条生产线上进行再配置。

庞巴维克认为，在自由市场中，市场将会成功确保需求倾向于与供给接近平衡，而投资的范围也会与长期扩张的资本结构相匹配。

奥地利学派商业周期理论

奥地利学派商业周期理论首先由米塞斯提出，他的理论建立在早期奥地利学派学者（如庞巴维克和瑞典经济学家克努特·维克塞尔）的理论上。

奥地利学派经济学家，尤其是自庞巴维克以来，一直强调从生产过程开始到制成品上市销售，再到由消费者使用，所有的生产都需要时间，而且所有的生产过程都必然涉及一定的生产周期。奥地利学派学者也解释说，对于要进行的耗时的生产过程，储蓄是必需的。我们需要储蓄，以便从更直接的消费用途中腾出资源来建立和维护资本体系，并提供商品和资源，以维持曲折复杂的生产过程所需的工作人员。

储蓄来自那些愿意放弃当下对商品和资源的消费和使用，并愿意将这些商品和资源用于生产过程的市场参与者的时间偏好。市场中供求双方的互动产生了市场利率，而市场利率平衡了储蓄和投资。同时，在给定的维持长期生产所需的可用储蓄条件下，跨期市场交易所产生的可用储蓄为生产的顺利进行和维持设置了时限。

1898 年，维克塞尔的著作《利息与价格》(Interest and Prices) 出版。他改造了庞巴维克的资本和生产耗时理论，并对其做了进一步发展。维克塞尔解释说，在真实的市场中，人们进行商品交易时并不是用一个商品直接交换另一个商品；货币作为所有交易的媒介，也包括将储蓄转移给潜在的借款人和投资人的交易。个人是以未花在消费上的货币收入的形式进行储蓄的，然后他们把货币储蓄以押金的形式交给银行，这些押金则是市场跨期交易的金融中间物。

银行把无数人的货币存款汇总到一起，然后把这些储蓄以市场上占据优势的利率借给那些有信用的人，这一利率最终会平衡储蓄供给和投资需求。然后，借款人使用这些货币储蓄进入市场，并以货币价格购买商品或雇佣劳动力以满足他们对资源、资本和劳动力的需求。因此，储蓄造成的货币需求的减少和消费品价格的下降，以及借贷造成的需求的增长和生产商品货币价格的上涨，成为将资源和劳动力从消费目的的生产和配置转为资本用途的生产和配置的市场手段。

但维克塞尔指出，货币成为连接储蓄决策与投资决策的媒介，导致了某种反向的"储蓄－投资"过程的失衡。假设社会中的储蓄仅足够维持一年的生产，那么现在货币当局就需要增加可用于银行贷款目的的货币数量。为了吸引借款人将多余的可贷资金从市场中借走，银行将下调借款利率。

由货币扩张造成的更低的市场利率将提高那些长期投资项目的当下价值。现在，假设借款人接下来进行的投资项目需要两年的时间，由于这个投资项目对资源和劳动力的货币需求的增加，借款人要从那些一年期的投资项目中抽走一些生产要素。结果是，在第一年末，市场上消费者能够购买的消费品减少了，消费品的价格就会上涨，而消费者面对更高的价格时会降低他们的购买量。维克塞尔说，消费者会被迫储蓄，也就是说，他们不得不在当下节制消费，直到第二年过去，即这个为期两年的投资项目完成，他们才能去购买和消费更多的商品。

同时，为市场上的资源和商品提供更多的货币将会导致资源和商品的价格上涨，结果是，社会会在这个过程中经历普遍的价格上涨。如果货币当局不断增加货币供给，那将会造成维克塞尔所称的一种没有尽头的涨价的"累积过程"。

米塞斯在他的《货币和信用理论》一书中接受了维克塞尔的货币扩张对生产和价格影响的理论，但他进一步发展了维克塞尔的观点，并揭示了这类货币扩张最终将会造成经济危机，以及我们所说的商业周期中的一系列事件。

米塞斯区分了市场中的两类信用：商品信用（commodity credit）和流通信用（circulation credit）。弗里兹·马赫卢普（Fritz Machlup）是米塞斯的学生和奥地利学派商业周期理论的早期追随者，他将这两类信用称为转移信用（transfer credit）和创造信用（created credit）。我们将使用马赫卢普提出的这两个词，因为它们更明确地指出了米塞斯想要做出的这种区分。

如果货币供给不增加，那么任何来自收入的货币储蓄都意味着市场中控制资源和劳动力的人由获得收入者变为潜在投资者。储蓄者将一定数量的真实资源（以那些用于投资活动的真实资源的货币价值来表示）用在了投资活动中，而不是以更直接的方式将这些资源用在消费品的生产制造中。这种为了投资目的进行的真实资源的"转移信用"将以预先协商同意的利息（付清货币贷款后）返还到储蓄者的手中。而返还回来的货币数额将具有购买数量更多的真实商品和服务的能力，以满足消费目的；而且用"转移信用"进行的投资项目的期限将与可用储蓄和贷款的发放期限一致。

然而，货币当局有能力破坏由市场决定的利率所维系的储蓄和投资之间的脆弱平衡。通过增加货币供给，货币当局得以因贷款目的而创造信用。创造信用与以市场交易为目的的转移信用之间具有明显的区别，它代表的是额外的用于交易的媒介单位，这种媒介能够与市场中其他的货币单位交换，并换取各种各样的商品和服务。因此，这些单位与货币扩张前已经存在的货币供应单位一样，都能在市场中交易。

此外，米塞斯认为，二者之间还存在一个重要的差别：创造信用并没有补偿性减少消费者对商品、服务和资源的需求（这种补偿性减少常常因消费者增加储蓄而发生），因而没有办法抵消投资借款人（investment borrowers）对资源和劳动力的使用需求的增加。

这里，米塞斯用他的货币非中性理论解释了整个事件在逻辑上的时间顺序。通过创造信用，投资借款人可以将从生产消费品和短期投资项目中得到的资源和劳动力投入到时间更长的投资项目上。为了把这些资源和劳动力吸引到更加耗时的投资活动中，投资借款人不得不为所需的生产要素支付高价，以便将它们从其他经济用途中吸引过来。创造信用现在被作为更高的货币收入，传递到那些生产要素的价格中，那些生产要素所有者便成了新创造货币的"第二轮"接收者。除非人们对那些生产要素的时间偏好发生改变，增加了对其储蓄的意愿，否则他们对消费品的真实需求都将与货币供给增加前保持一致。因此，他们为制成品和服务所支付的货币数量在收入中所占的比例将与以前相同。

结果就是，消费品价格开始上涨。因为资源从消费品和生产中被重新配置，市场中这类商品的数量就会比以前少，而且这会加剧消费品价格的上涨。生产要素价格的上涨导致他们在期望的消费品上耗费更多的货币收入，这些商品的生产商和代理商成了这些新的创造货币的"第三轮"接收者。消费品的生产者现在对同样稀缺的生产要素的需求增加了，使努力将它们拉回到消费品生产部门以及短期的投资项目中，从而更快地满足人们对消费品更大的货币需求。被拉回的生产要素更靠近生产的最终消费品阶段，使得稀缺生产要素的所有者进而成了这些新的创造货币的"第四轮"接收者。

现在，那些最初从贷款市场上拿到创造信用的人发现，面对不断增长的雇佣成本和不断回流到消费品生产部门的必需的生产要素，他们越来越难以完成他们的长期投资项目。随着越来越多的长期投资项目因资金问题而难以为继，危机开始浮现。为了继续开展那些已经开始的项目，对更多可贷资金的需求推高了市场利率，造成了经济投资部门的更大危机。这个商业周期中的扩张或"繁荣"阶段，随着周期更长的投资项目的倒闭或烂尾，进入紧缩或"萧条"阶段，并导致了投资的失败。

那些投资活动得以暂时保全的唯一办法是，货币当局再一次以创造信用的形式增加货币供给，但那样做仅仅是以同样的方式将同一个过程重演一遍。如果货币当局试图通过不断增加货币供给来避免这个不可避免的结果，价格上涨率就会越来越高，而这将会造成社会货币体系的崩溃和瓦解。

基于上述分析，米塞斯得到的结论是：人们在市场经济的基本缺陷中无法找到现代社会商业周期的原因；恰恰相反，人们只能从对货币和信用的操纵和错误管理中找到这个原因。

奥地利学派商业周期理论与大萧条的原因

1931年6月,英国经济学家莱昂内尔·罗宾斯(Lionel Robbins)为奥地利学派经济学家哈耶克的新书《价格与生产》撰写前言时,介绍了奥地利经济学派思想于第一次世界大战结束后在米塞斯等经济学家的领导下的"华丽复兴"。他说:"在奥地利经济学派近期的重要贡献中,商业周期理论十分突出,哈耶克的小册子正是为了向英语世界介绍这一理论。"罗宾斯教授指出:

大多数货币理论家似乎未能正确理解大萧条到来之前在美国运作的各种力量的性质。他们显然认为,价格水平的相对稳定表明了一种必然不受货币影响的状态。哈耶克博士正是奥地利学派理论的杰出倡导者。如果人们能够真正理解奥地利学派理论的话,(就会发现)他们一刻都不会在乎那种虚荣的幻象。奥地利学派的理论起码是有这一优点的。

历史事件从来都不是单一影响因素的结果,即使这个因素占据了主导地位。这句话可以用来说明1929年大萧条到来前各种政治和经济的作用。第一次世界大战打乱了世界各地正常的政治和经济关系，大量的实体资本在 4 年的战争中被消耗，被毁灭。战时通货膨胀和战后通货膨胀将欧洲一些国家（尤其是德国和奥地利）的社会与文化结构撕得粉碎。公民和自由社会制度受到了严重削弱，并被限制或废除经济自由的干预主义和国家主义所取代。

随着德意志帝国、奥匈帝国和沙俄帝国的崩溃，中东欧兴起了很多新的国家。从某种层面上来说，它们走的都是经济民族主义的路子——加强贸易保护壁垒，补贴农业和各种特权产业，对整个经济部门进行国有化，建立人为的外汇汇率和汇率控制，以及建立福利国家项目。

德国的战争赔款是一个特别的"抢椅子"游戏机制：美国把钱借给德国人，这样，德国人就能向盟军（包括美国）支付赔款。在结束战争的和平条约中，美国和其他欧洲国家的贸易壁垒使德国人通过出口获得利润以还清负债变得尤其困难。

当时的金融体系——国际金本位制，在战后受到了政府通货膨胀政策的严重削弱。尽管金本位有诸多弱点，尽管各国政府在 1914 年前的数年里对金本位多有滥用，但金本位带来了高水平的货币稳定，而货币稳定造就了有助于储蓄、投资、国际贸易和资本形成的国际经济环境。然而，到了 20 世纪 20 年代，欧洲主要国家的货币体系成为政府直接控制和操纵的法币制度，尽管在名义上这些法币仍在其与黄金有"联系"的情况下出现。

在美国，1913 年美联储的设立制造了对货币扩张的新"引擎"。在此背景下，美联储对价格水平开展货币稳定的试验。

正如我们看到的，在 20 世纪 20 年代，米塞斯通过解释货币的内在非中性，揭示了价格水平稳定政策中为稳定经济而进行的所有尝试的弊端：在市场的特定环节额外地注入交易媒介必然会造成货币供给的改变。在一定时间内，个人和团体供给者或需求者会得到这笔多出来的货币并花掉它，这些多出来的货币供给进而会通过特定的时间序列影响整个经济，最终结果是货币的一般购买力或货币价值发生变化。但在造成这个结果的过程中，相对价格结构、工资和收入，以及资源的配置也会发生改变。如果货币注入发生在银行系统，那么商业周期就很可能已经开始了。

米塞斯年轻的奥地利学派同人哈耶克详细解释了为什么稳定价格水平会导致相对价格扭曲，进而使得商业周期更容易发生。在《货币理论和贸易周期》中，哈耶克认为市场经济中利率的角色是确保投资活动的金额和期限能够与经济中的可用储蓄保持平衡。除非允许利率在正常市场竞争的条件下扮演自己的角色，否则储蓄和投资就可能失衡。

在一个处于生产率提高和资本形成过程中的经济体中，由于市场增加了对消费者的商品供给，各个产业提高的成本效率和增加的生产能力随着时间的推移总是倾向于形成下行的价格压力。每一种商品的价格都会下降到一定程度，以确保市场中所有在售商品能够保持平衡。当一个市场中消费者需求对供给的增加反应变得不及时，或者变得"缺乏弹性"时，每种商品价格的下降程度将变大，从而需要维持更多商品供给与需求的平衡。

随着时间的推移，由一些统计价格指数衡量的一般价格水平将记录市场中发生了价格"收缩"。然而，如果市场决定的相对价格结构可以使每种商品的供需保持平衡，那么这种价格紧缩是无害的。

美联储并没有允许这种价格的下行趋势自然发生，恰恰相反，美联储通过增加美国经济中的货币供给来应对价格收缩这一正常过程。根据测算出来的批发价格指数，从总量上看，有关商品和服务的货币需求数量增加到刚好能够满足市场中这些商品和服务的数量，从而让一般统计平均价格维持在一个相对"稳定"的水平，这种情况在20世纪20年代的绝大多数时间里出现过。

但是，哈耶克在《货币理论和贸易周期》一书中认为：

能够使真实储蓄和资本需求达到均衡的利率不可能成为阻碍价格水平变动的利率。在这种情况下，价格水平的稳定预设了货币供给的变化……在经济扩张时，流通的新货币的数量刚好能够使价格水平稳定的利率总是低于当可贷资本数量等于大众储蓄数量时的利率。因此，尽管有稳定的价格水平，新货币的数量也可能会使经济偏离均衡状态。

从制度的角度来讲，货币供给的增加是以美联储增加银行系统的准备金的形式实现的。在此基础上，额外的贷款成为可能，但银行让潜在借款人借用这些增加的可贷资金的唯一方式是降低银行的贷款利率。

与各种投资项目中的预期回报率相比，更低的利率降低了借款成本。但利率并不只是衡量贷款成本的标准，利率也是一项可以用投资的潜在价值折算当下价值的要素。因此，低利率激励了更长期的投资项目，而高利率会随着货币供给的增加阻碍贷款市场的正常运行。

因此，在20世纪20年代，在价格水平稳定的表象之下，美联储的政策正在制造一种相对价格结构和利润关系，它们吸引了大量更长期的投资，这些投资远超过实际储蓄，且难以长期维持。为什么它们难以长期维持呢？因为随着人们把新创造的货币花在新的投资项目上，额外的货币最终流到了生产要素所有者的手中。这些生产要素被吸引到那些投资项目所带来的生产中，让生产要素的所有者获得更多的货币收入。随着更多的货币收入花费在市场中，人们对消费品的需求也增加了，这就成了将生产资源收回到消费品生产和更短的投资项目中的反作用力。只有进一步将多出来的货币注入银行系统，美联储才能保证市场利率低于其合理均衡水平，并能够暂时维持长期投资项目获利，这些长期投资项目都是人们为了保持价格水平稳定而开展的。

最终，1928年，在这种货币扩张的压力之下，价格水平开始上涨。由于担心造成绝对的通货膨胀性的价格上涨，美联储开始控制货币供给，但随着货币扩张政策告一段落，利率也开始上涨到其真实的市场出清水平。那些尚未完工的长期投资项目在更高的利率之下显得无利可图。投资"繁荣"崩溃了，其第一个主要表现就是1929年10月的股市暴跌。

1932年，在一篇题为《金本位的命运》("The Fate of the Gold Standard")的文章中，哈耶克总结了20世纪20年代人们得到的教训：

> 不允许价格缓慢下跌（使其在最大限度上不对生产造成危

害），而是将如此大量的额外信用注入流通领域，以使价格水平大致稳定……不管这种通货膨胀仅仅是为了保持价格稳定，还是为了造成价格上涨，都无所谓。经验已经证实了人们早已熟知的事，即这种通货膨胀可能使生产受到误导甚至中断，以致某种危机变得难以避免。然而，这也证明，在实践中，在动态的经济中维持绝对的价格水平的稳定是不可能实现的。

一旦货币扩张停止，市场中的矫正力量就开始发挥作用。然而，大萧条的严重程度和持续时间要远远超过人们通常认为恢复整个经济平衡所需的时间，其影响也更大。大萧条严重的原因并不在于市场经济的内在失灵，而是20世纪30年代的政治意识形态和政府的政策。

第三章

大萧条与新政

大萧条源于美国试图通过货币扩张来稳定价格水平。货币扩张人为地降低了利率,反而造成了超过经济中真实储蓄的投资繁荣。资本、资源和劳动力被错误地吸引到周期更长的投资项目中,但这些投资项目在货币通胀之后往往是无利可图的,而且在经济上也不可持续。人们错误地投入资本,劳动力也受到误导。相比能够保证市场中商品和服务的真实供需平衡的价格和工资结构,货币扩张后的相对价格和工资结构是扭曲的。

大萧条和干预的危机

20世纪30年代早期的大萧条是世界现代史上最严重的一次经济危机。仅以一般统计数据来看,大萧条的严重程度是灾难级的:1929—1933年,美国国内生产总值下降了54%,工业生产总值下降了36%。1929—1933年,投资支出下降了80%,而消费支出下降了40%。这一时期,住房支出下降了80%。1929年,失业率为3.2%。1932年,这一数字攀升至24.1%,并在1933年进一步升至25.2%。

1929—1933年,批发价格指数下降了32%,而消费价格指数下降了23%。农民支付的原材料、工资和利息的价格下降了32%,但农民从他们的产出中得到的价格则下降了52%。

1930—1933年,美国有9 000多家银行倒闭,成千上万的人在一夜之间失去了所有储蓄。1929—1933年,货币供给(测量的是流通中的货币,定期和活期储蓄,即人们所说的M_2)下降了超过30%。即使以更宽泛意义的货币供给来计算(M_2加上互助储蓄银行和邮政储蓄系统的存款、储蓄和贷款中的股份,即M_4),货币供给仍下降了约25%。

从国际上看，大萧条也是毁灭性的。全球进出口总值下降了近60%，而跨境商品和服务的真实贸易额下降了近30%。英国和法国的国内生产总值分别下降了5%和7%。英国、法国和德国的工业生产总值分别下降了12%、22%和40%，批发价格则分别平均下降了25%、38%和32%。这一时期，英国和法国消费品价格平均下降了15%，而德国消费品价格下降了23%。

20世纪30年代之后，大多数历史学家和很多经济学家将这些数字解读为资本主义具有内在缺陷的表现，他们认为资本主义体制倾向于积累不稳定因素，并使得相当一段时期内正常的经济平衡难以恢复。因此，人们认为大萧条是"资本主义危机"和（古典）自由主义失败的证明。

20世纪30年代早期的自由市场经济学家并不认可这种解释，如德国经济学家莫里茨·J. 伯恩（Moritz J. Bonn）于1931年4月29日在英国伦敦的第三次理查德·考伯登（Richard Cobden）讲座上的演讲题目是《世界危机和曼彻斯特学派的教诲》（"The World Crisis and the Teaching of the Manchester School"），伯恩教授对听众说：

至少在一定程度上，经济力量的自由博弈在世界各地被私营者或者政府垄断，被关税和各种形式的价格管制，被武断的董事会所决定的固定工资及农业委员会的教条等取代……现在有很大程度的干预，有世界上前所未有的巨大危机……因为在现在的经济形势中，全球一半以上的机构都受到（政治的）操纵，而另一半本来应该是自由的。受到自由竞争影响的商品价格在全世界下跌了……而其他价格则保持相对稳定。它们受到经济和政治强制的操纵，受到劳动力和资本组合的影响，并受到关税和其他操纵性的立法的影响……如果挑选出来的价格和受到保护的工资在所有其他价格都下降的情况下保持不变，那么一种新的令人满意的（均衡）水平就不可能实现……经济力量的自由博弈和政府与垄断势力的操纵之间的冲突是危机长期持续的主要原因。

正因如此，一年后的1932年，米塞斯总结道："现在，全世界正深受其害的这场危机是干预主义和国家主义的危机，简而言之，是反资本主义政策的危机。"

在美国，反资本主义政策源自胡佛政府的干预政策。1929年11月，赫伯特·胡佛总统与美国商界和劳工领袖会面。他认为在这段危机时期必须维持一定的购买力来保证商品和服务的价格处于高位。他认为不应该降低工资率，而应该缩短每周的工时，以便"分散工作"，而且各级政府应该扩展公共项目来增加就业。

在总统的游说下（后来又经过工会的授权），很多工人的货币工资率被人为地提高了，但这造成了更多而不是更少失业。1930年，消费价格下降了2.5%，而货币工资平均下降了2%。1931年，消费价格下降了8.8%，而货币工资仅下降了3%。1932年，消费价格下降了10.3%，而货币工资则仅仅下降了7%。1933年，消费价格下降了5.1%，而货币工资则下降了7.9%。1929—1933年，消费价格下降了近25%，而货币工资仅平均下降了15%。

这些年，不仅货币工资的下降滞后于消费品的销售价格，劳动生产率也下降了8.5%。结果是，雇佣劳动力的真实成本实际增加了22.8%。因此，胡佛政府和工会的"高工资"政策导致工人因工资太高而被迫离开劳动力市场，并产生了失业循环的恶果。①

政府干预也让美国农业市场失去平衡。在第一次世界大战期间，欧洲市场对美国农产品的需求急剧增加，但在1918年后，欧洲人对美国农业商品的需求减少了。这在一定程度上是因为欧洲农业生产在新的和平时期再次扩张，也是因为中东欧农业保护主义的发展，欧洲的部分市场对美国出口关上了大门。

20世纪20年代，美国政府尝试通过各种补贴和联邦赞助的农业合作项目来推动美国农业产出和收入的增加。1929年6月，胡佛政府建立了联邦农业委员会（Federal Farm Board，FFB）。大萧条一开始，联邦农业委员会就开始为农业社区提供低廉的贷款来防止农产品进入市场，以避免农产品价格下降。首先是小麦，之后是棉花和羊毛，再后来是乳制品，它们都进入了政府干预的范围。后来，鉴于农业价格扶持项目制造了过剩的农产品，政府试图限制农业的产量以防止价格进一步下跌。

正如罗斯巴德在《美国大萧条》一书中解释的：

联邦农业委员会为了稳定价格而做出的巨大努力不可避免地失败了。它的贷款鼓励人们生产更多（农产品），这进一步加剧了农业过剩，市场中积累的农产品使其价格无论是在事实层面还是

---

① 参见理查德·维德（Richard Vedder）和拉威尔·伽拉维（Lowell Gallaway）《失业：20世纪美国的失业和政府》，1997。

在人们的心理层面都下跌了。联邦农业委员会本来是要解决农业萧条问题,结果却使农业萧条进一步加剧。联邦农业委员的干预被视作一大败笔,而胡佛总统却在下一步计划中继续冥顽不灵地追求政府干预的逻辑:建议人们停止在耕地上耕作,就地粉碎庄稼,直接宰杀牲畜幼崽——所有这些都是为了减少政府之前的干预所造成的过剩。

在进一步"保护"美国农业,使其不必根据世界市场的真实供需关系来调整价格和生产的尝试中,美国国会通过了赫伯特·胡佛总统在 1930 年 6 月签署的《斯姆特-霍利关税法》。本杰明·安德森在他的美国金融经济史著作《经济学和公共福利》(Economics and the Public Welfare, 1946)一书中毫不留情地批判了这种激进保护主义的做法:

在一个因为巨额国际债务而停滞不前的世界里,只有在处于债务压力下的各国能够生产商品并出口到其债权国的情况下,这些债务才有可能被清除;而我们——这个世界上最大的债权国,关税早已太高,这一关税法又一次提高了我们的关税。1930 年 6 月的《斯姆特-霍利关税法》是 1920—1930 年金融界的一件顶级蠢事……一旦我们提高关税,那么全世界都会提高关税,包括配额在内的其他贸易壁垒行动就会不可扭转地开始。贸易保护主义会在全球盛行,市场会被割裂,贸易路线会变窄,全世界出口行业的失业率会急剧升高,而出口商品价格,尤其是美国出口的农产品价格会急剧下跌。

美国出口的农产品在农业收入中的份额从 20 世纪 20 年代晚期的 16.7% 下降到 20 世纪 30 年代早期的 11.2%。1929—1933 年，美国出口的农产品份额下降了 68%。再没有比这更有说服力的例子能够表明政府干预的结果恰恰违背了它的政策初衷。

1931 年 9 月，英国政府放弃金本位之后，英国通过了《非常进口税法案》(Abnormal Importation Act)。该法案授权英国贸易委员会对进口商品征收 100% 的进口税。该法案通过当天，50% 的进口税被强加到了 23 种商品门类上，而且所有这些商品的进口几乎都停止了。1932 年 3 月 1 日，英国政府将一般关税提高了 10%；而在 1932 年 7 月，英国政府对大英帝国属地国家设置了特惠关税，但不在其他国家施行，包括美国。

1931 年 11 月，德国也建立了由政府监督的进口许可和双边贸易安排。1934 年，随着纳粹在德国上台，贸易控制和进口许可也作为新的国家主义体系的经济计划的一部分得以加强。

1928 年，法国政府将进口关税降至 15%，并在 1930 年将其进一步降至 12%。但在 1931 年 11 月，法国政府向英国商品征收了 15% 的外国贸易附加税。1931 年年中，法国政府对很多进口商品设立了配额。1936 年，65% 的法国进口商品都是在配额系统下进口的。

克利斯蒂昂·圣-艾蒂安纳（Christian Saint-Etienne）在他的《大萧条：1929—1938》(The Great Depression, 1929—1938, 1984) 一书中总结认为：

与关税限制相关的行政措施越来越多，如禁令、配额、许证和出清协议……贸易保护主义只会带来国际贸易的减少,这在相当程度上会影响所有参与贸易的国家,不管它们是发动了贸易战还是对贸易战的发起者展开报复……很明显,在大萧条中崩溃的国际贸易使国际经济在10年中几乎不可能复苏。

但政府的愚蠢干预并没有随着这些灾难性的政策而终结,还有很多其他因素让大萧条变得更糟糕。

奥地利学派对大萧条的分析和对策

1931年2月,米塞斯为一群德国工业家做了一场名为"经济危机的原因"的讲座。他向听众解释了他们正在亲身经历的经济萧条与20世纪20年代受到误导的货币政策有关。主要工业国的中央银行遵循的是货币扩张的政策,这一政策造成的人造繁荣最终在1929年底终结。

但在经济减速后,这一萧条变得更加严重,而且其持续时间也超过了过去的很多类似的商业周期。"干预政策"作为一个独特的情况出现了,这使得经济复苏的正常过程变得难以实现。

如果人们用尽了一切办法来阻止市场完成其恢复供需平衡的功能,那么我们就不该对供需关系出现严重失衡且长期持续感到奇怪:商品卖不出去,工厂闲置,几百万人失业,人们的困窘和苦难加剧,具有破坏性的极端主义开始在政治中泛滥……随着经济危机出现,干预政策(不管遵循这些政策的政府是对国会负责还是对独裁者负责)的失败变得再明显不过。阻碍市场功能的发挥和价格的自然形成并不能带来新的秩序。相反,这会带来混乱,带来经济危机。

对于奥地利学派经济学家而言，大萧条源于美国试图通过货币扩张来稳定价格水平。货币扩张人为地降低了利率，而这反过来造成了超过经济中真实储蓄的投资繁荣。资本、资源和劳动力被错误地吸引到更长期的投资项目中，而这些投资项目在货币通胀之后往往是无利可图的，而且在经济上也不可持续。人们错误地投入资本，劳动力也受到误导。相比于能够保证市场中商品和服务真正供需平衡的价格和工资结构而言，货币扩张后的相对价格和工资结构是扭曲的。

主要工业国家的政府，包括美国政府，通过采取货币干预措施，对国际、国内贸易加以限制，以及开展无数公共工程项目，来应对经济危机。这些干预措施不但没有减轻大萧条的影响，反而使情况变得更糟糕。在商品卖不出去、工人下岗、产量下降、失业率上升的情况下，各国政府试图维持与这样的真实市场条件不协调的价格和工资水平。

这种失衡很快蔓延开来，导致失衡的原因可以从让－巴蒂斯特·萨伊（Jean-Baptiste Say）等经济学家于19世纪早期就发现的被称为"市场定律"的基本原理中找到。除非人们能用自己的东西与他人进行交易，否则没人能够对别人在市场上出售的东西产生需求。因此，每种潜在的需求都必须提供某种商品或服务来交换，这些商品或服务必须是别人愿意购买或者愿意以某个价格支付的。提供一种别人没有兴趣购买的商品，或者提供的商品的价格太高以致没有人愿意购买，这都限制了人们从销售中获得的货币收入，这反过来也限制了人们从别人那里买到的商品和服务的数量。

错误的价格——用经济学家的话来说就是"非均衡价格"——在 1929 年大萧条一开始就使商品和劳动力被挤出市场。结果就是，商品销售收入的减少和失业所造成的收入下降使得商人和工人都必须减少他们对其他商品和服务的消费。当人们面对降低的需求却不愿意充分地降低商品价格和工资时，销售额和就业率就随之下降了。

在变化的市场条件面前无法下调价格和工资，造成了产出和就业的"累积性收缩"，并进一步对相关市场中的价格和工资造成下行压力。著名英国经济学家埃德温·坎南（Edwin Cannan）在 1932 年言简意赅地指出，提供商品和劳动力服务的群体"要求太多，从而造成了普遍的失业"。

1933 年，米塞斯总结了这个问题的本质：

> 当前危机持续的时间长短主要取决于这样一个事实，那就是工资率和某些价格已经变得不灵活了，这是工会工资政策和各种（政府）价格扶持活动造成的结果。因而，僵化的工资率和价格不能完全参与到大多数价格的下行趋势中，或者即使参与进来也已经经过了长时间的延误……试图将工资率维持在高于预期市场工资率水平上，不可避免地造成了持续的大规模失业。

米塞斯解释说，既然干预性政策已经造成了大规模失业，政府就要诉诸通货再膨胀（reflation）政策来应对其政策带来的后果。政府指望的是，如果通过新的货币扩张将工资提高，工会就不会立刻要求必须获得更高的货币工资来补偿任何由于生活成本上涨而造成的购买力损失。

如果货币工资保持相对不变，商品和服务的销售价格上涨，那么真实工资将被削减，而雇主可能会再次意识到雇佣失业者是有利可图的。但是，米塞斯认为，即便在货币工资没有立刻上涨的情况下，新的货币扩张也只是为一个新的短暂的"繁荣"之后的另一个"萧条"埋下伏笔。

英国经济学家莱昂内尔·罗宾斯（Lionel Robbins）（奥地利学派经济学的倡导者）在1932年写的《莱斯银行评论》（Lloyd's Bank Review）中解释了为什么这一结果是不可避免的：

> 或许人们希望用通货膨胀来反制通货紧缩的想法是十分自然的（通过对价格采取措施来应对成本的僵化），而且毫无疑问，如果通货膨胀仅仅简单地意味着价格的绝对上涨，比如实施某种政府法令，那么这个过程便非常值得研究。遗憾的是，通货膨胀并不是这样的。有些价格比其他价格先受到影响，其最终效果与初期效果是不同的，而且在整个生产过程的不同阶段，价格受到的影响也是不同的，这正是通货膨胀的要义所在。在一个通货膨胀性繁荣中，正是这种不同的通货膨胀的发生率使得错误的调整此消彼长，这些错误的调整最终造成了经济滑坡。人造的廉价货币鼓励企业家进行只有在成本不上涨的情况下才有利可图的商业活动。随着新创造的货币流通到整个经济体系中，成本上涨了，而这些企业家的买卖也因此变得无利可图。暂时的生意看似景气，但当通货膨胀的影响完全体现出来的时候，危机和萧条随后就到来了。

那么,怎样才能走出大萧条呢?奥地利学派经济学家认为,需要摒弃所有会加剧经济危机的干预主义政策,并摒弃试图克服失业窘境而采取的所有货币操纵手段。针对后者,哈耶克在1932年清楚地写道:

用强制性的信用扩张来应对经济萧条,不啻以毒攻毒。我们受到生产的误导,却想要进一步加剧误导——这个过程在信用扩张之后只会带来更严重的危机。

就干预主义政策阻碍市场正常地恢复经济平衡的功能这一问题,莱昂内尔·罗宾斯(Lionel Robbins)也在1932年清楚地说明:

只有消除现有经济停滞的根本原因,才可能回到真正的经济繁荣状态中——根本原因是以关税、配额系统、交易限制为形式的国际贸易壁垒,以及以成本僵化和坏账为形式的内部调整障碍,这些本该被解决……但是,我们首先必须用政策来重建最大范围意义上的市场自由。我的意思不仅仅是降低关税和取消贸易限制,还要取消所有那些造成内部僵化的原因——僵化的工资、僵化的价格和僵化的生产系统……当下经济系统中的这种不灵活现象正是我们大多数问题的根本原因所在。

在米塞斯、哈耶克和罗宾斯等经济学家看来,大萧条是干预主义造成的恶果。从第一次世界大战开始,在20世纪20年代和20世纪30年代的大萧条时期,原本采用金本位的古典自由主义世界的自由市场、自由贸易和稳健货币体系受到了严重侵蚀、弱化，并最终被彻底打破。取而代之的是各种强制体系，如国内管制、民族主义、贸易保护主义、价格僵化、工资僵化、生产补贴、国家支持的垄断和卡特尔等。

第一次世界大战前的金本位，尽管是由中央银行运作的，但在一定程度上能够将货币和人工信用扩张控制在一个较小的区间内。20世纪30年代早期和中期，大多数国家的货币体系已经是纸币体系或者名义上基于黄金的货币体系（但实际上却受到政府的操纵和滥用），以满足其干预主义政策的需要。

奥地利学派经济学家试图证明这些政策是死路一条。但遗憾的是，没有人听他们的逻辑论证和说理，相反，美国和其他国家在干预主义的道路上越走越远。1933年，这条路把美国带到了新政，而把德国带向了国家主义。

罗斯福新政

1932年7月，在接受民主党提名竞选美国总统后一个月，富兰克林·德拉诺·罗斯福（Franklin Delano Roosevelt）对全国做了一个竞选广播演讲。他的演讲集中批评了赫伯特·胡佛政府过度的财政支出及其造成的联邦预算赤字。"让我们有勇气停止用借钱来应对持续加剧的赤字。"罗斯福说，"不管怎样，必须使收入覆盖支出。任何政府，就像任何一个家庭一样，可以在某一年内花掉比收入稍多一点的钱，但你我都知道，这种习惯的延续意味着贫困。"

1930年，胡佛政府的联邦税收增加了5%，略有预算盈余，尽管当时正处于大萧条的第一年。1931年，下降的商业收入和个人收入导致税收下降了25%，联邦政府不得不通过预算赤字来负担其支出的13%。1932年，赤字性支出进一步增加，占联邦政府支出的近60%。1929—1932年，联邦债务在胡佛任期内增加了15%。

在1932年6月的民主党全国大会上，罗斯福被提名竞选美国总统，民主党发表了一个政纲，承诺找到了走出大萧条的出路。

民主党声称:"我们相信党派政纲应该是一个由该党在权力范围内忠诚履行的与人民的契约。"

做出这一承诺后,民主党提出了一个经济复苏纲领,承诺了诸多内容,其中有:

1. 立刻大幅削减政府开支,主要方式是废除无用的委员会和办公室,集中管理各部门和机构,杜绝铺张浪费,以实现联邦政府开支节省不少于25%的目标。

2. 主张每年在对税收进行准确的行政估算的基础上保持联邦预算的平衡,以维持国民信用。

3. 主张无论在怎样困难的情况下都将保持稳健的(金本位)货币。

4. 除为了共同利益而必须进行的公共工程建设和自然资源开采外,在所有私营企业领域消除政府干预。

5. 谴责(联邦)农业委员会的铺张浪费,其深具危害的行为让政府成了农产品的投机者,而其不稳健的政策限制了农产品满足国内市场需求。

6. 谴责《斯姆特-霍利关税法》,其税率过高,已经引起40多个国家的报复行动,造成了国际经济敌对局面,摧毁了国际贸易,而且让美国的工厂迁到他国,让美国农民失去了外国市场,并增加了生产成本。

民主党政纲声称:

总结起来，为了实现这些目的，恢复经济自由，我们承诺本大会的提名候选人将竭尽我党之所能，我党之建立者托马斯·杰斐逊也宣布了在国家最需要时的指导原则——任何人的权利都平等，任何人都没有特权。

1932年11月，富兰克林·罗斯福被选为美国总统，他赢得了超过赫伯特·胡佛票数30%的普选票，选举人团票数为472票，远高出胡佛59票。

但自罗斯福1933年3月4日宣誓就任美国总统的那一天起，他就带领美国走上了一条与当初承诺的"一个由该党在权力范围内忠诚履行的与人民的契约"截然相反的道路。在就职演讲中，罗斯福对美国人民说：

我们前进时，必须像一支训练有素的、忠诚的军队，愿意为共同的原则献身，因为没有这些原则我们就无法取得进步，领导就不可能得力……我将毫不犹豫地承担领导伟大人民大军的任务，致力于打击我们的共同敌人……合众国人民……要求采取直接而有力的行动。他们要求有领导的纪律和方向。他们现在选择了我作为实现他们的愿望的工具。我接受这份厚赠。

罗斯福希望他对美国人民的领导能够与美国传统的宪政秩序相容："但是我们可能需要采取不容推迟的行动，而这些行动可能需要我们暂时背离公共程序的正常平衡。"他要求国会"动用更宽泛的行政权力来向（经济的）紧急情况'开战'，这种权力可能大到就像我们在现实中受到了外国敌人的入侵时需要宣布开战那样"。但在国会拒绝给予他这些特殊的行政权力时,罗斯福冷酷地威胁说:"我绝不会逃避将要面对的明确职责。"

同一个月,罗斯福履职美国总统,他发表了演讲集《向前看》(*Looking Forward*)。他把即将发生的所有情况清晰无误地罗列出来。美国在其建国的 150 年里已经变得足够强大,但它的发展也包含了大量"肆意妄为"和"浪费",它们"本可以通过具有伟大前瞻性的社会计划得以避免"。

私营产业不得不放弃一些自由,农业必须受到监督和政府的协助,公共支出需要增加并反映出有远见的现代政治权威的责任,竞争、投机、银行业需要更多的政府监管,工时、工资和工作环境必须受到更强有力的政府控制,美国社会各群体的收入和开支需要进行再分配,并应当以国家福祉的名义进行大量的公共工程项目建设。

总体来说,罗斯福声称"我的纲领的精神"代表美国的"新政",这要涉及"一种政府对经济生活的职责的变革的概念"。他的新政的一部分是"商人必须少考虑自己的利润,多考虑其担负的国家职能"。打压私人利益以满足共同利益,"让一个把与实际消费相匹配的生产项目作为核心特点的国家经济政策成为可能",而新的政府计划者认为这是合理的。

在接下来的四年里,罗斯福的新政实施了所有政策提议——除了 1932 年民主党党纲所做出的承诺。尽管承诺要在 1933—1936 年"立刻大幅削减政府开支……以实现联邦政府开支节省不少于 25% 的目标",但事实上政府开支却增加了 83% 以上。为了覆盖政府支出的增加，罗斯福政府的预算赤字高升。1933年，赤字财政数额占政府支出的56.5%，1934年、1935年和1936年的赤字财政数额分别为政府支出的54.6%、43%和52.3%。四年间，联邦政府的债务从1932年的195亿美元增加到1936年的338亿美元，增长了约73.3%

联邦政府没有结束使政府成为农产品投机者的灾难性行动和通过限制农产品满足国内市场需求的不健全政策，而是比以往任何时候都更大程度地干预了农业部门的事务。1933年5月12日，国会通过了《农业调整法案》(Agricultural Adjustment Act, AAA)，该法案赋予政府更大的权力来制定农产品价格，购买更多剩余农作物，并向农民支付经费来减少作物的种植面积。

1933年5月18日，国会通过了《田纳西山谷法案》(Tennessee Valley Act)，该法案承认联邦政府有权在南方各州建设大坝和电厂等大规模的公共建设项目。这完全是一种计划思想，目的是控制国家更广大地区的土地使用权和能源供应。

《农业调整法案》也让罗斯福政府有权力将美元的黄金含量和价值下降50%。之后，与罗斯福承诺的"无论在怎样困难的情况下都将保持稳健的（金本位）货币"相反，1933年6月5日，国会通过了一项决议，排除了所有政府和私人合约债务中的黄金兑换条款，也要求所有美国人上交他们私人所有的黄金以换取美联储的钞票，违反者将被没收黄金，其本人也会有牢狱之灾。

政府没有"从所有私营企业领域消除干预"。1933年6月6日，国会通过了《国家复兴法案》(National Recovery Act, NRA)，支持联邦政府对美国经济各个工业部门的全面控制。强制的"公平竞争准则"在美国所有经济部门中确立起来,几乎所有产品的定价体系和生产管制也都被广泛地建立起来。政府鼓励美国所有的零售商店在其橱窗上展示该法案的"蓝鹰"徽章来让人们相信这些商店都在"履行义务"。

1933年3月29日,民间资源保护队(Civilian Conservation Corps)①建立,将政府放在了为美国年轻人创造就业的位置上。1933年5月12日,《失业救济法案》(*Unemployment Relief Act*)通过,并在后来成立了公共事业振兴署(Works Progress Administration),作为联邦"公共工程"项目,它为数百万人提供了直接就业。

1935年7月5日,《美国国家劳动关系法案》(*National Labor Relations Act*)通过,该法案规定联邦政府有权裁断私营工作空间事务。1938年6月25日,《最低工资法案》(*Minimum Wage Act*)通过。1935年8月14日,《社会保障法案》(*Social Security Act*)通过,政府对美国人民的退休计划负责。

《斯姆特-霍利关税法》已经"引起40多个国家采取报复行动,造成了国际经济敌对局面,摧毁了国际贸易"。为了宣布放弃高关税率,罗斯福政府扰乱了1933年6月举行的伦敦经济会议——该会议本有可能在金本位基础上重建稳定的外汇汇率,并帮助各国结束关税之战。恰恰相反,罗斯福给伦敦会议的消息是,为了实现内部国民计划,他领导下的政府采取的是操纵美元价值的手段。

---

① 又被称为"平民保育团"。——译者注

罗斯福改变了美国的面貌。计划经济被强加在美国之上，市场的每一个角落都处于联邦政府的监督、控制和管制之下。越来越多的美国人开始直接或间接地依赖政府获得工作和收入。大政府时代已经在美国降临。

新政及其评论

1935年5月，刘易斯·W. 道格拉斯（Lewis W. Douglas）在哈佛大学年度戈德金（Godkin）讲座上举行演讲，该演讲内容在当年晚些时候以《自由主义传统：自由的民族和自由的经济》（"The Liberal Tradition: A Free People and a Free Economy"）为题发表。1933年3月，新政开始实施后，罗斯福委任道格拉斯为预算局局长。但道格拉斯一年后就辞职了，他对罗斯福没有按照1932年民主党国民政纲中的承诺去实施各个项目感到沮丧和失望。

道格拉斯认为，罗斯福新政所走的道路将意味着美国的管控化和毁灭，大萧条中真正的经济复苏只可能来自让经济脱离政府权力和计划。

国家复兴局（National Recovery Administration，NRA）和农业调整局（Agricultural Adjustment Administration，AAA）拒绝给美国工业和农业自由、灵活地进行正常、合理调整的机会以促使经济回到平衡状态。新政的预算赤字和货币操纵有可能带来金融混乱。正如道格拉斯所言，美国面临的选择十分清楚：

我们是不是要选择将这个伟大的国家让给官僚体制的专制主义，让其控制我们的所有行为，毁掉我们获得的平等，让我们最终沦为这个政府的奴隶？抑或我们要抓紧人类 1 000 多年来努力奋斗才得到的各种自由？理解我们所面对的情况的重要性迫在眉睫……如果我们不选择一个独裁的官僚体制来控制我们的生活、毁掉进步、降低生活水平……难道一个民主体制下的联邦政府的功能不应该被限制在一个民主国家应该处理的事务范围内，比如国防，维持法律和秩序，保护生命与财产，防范欺骗……从而保卫大众免受特殊利益集团的伤害吗？

1934 年，威廉·麦克唐纳（William MacDonald）出版了一本同样对新政大加批判的书《复兴的威胁》(*The Menace of Recovery*)。麦克唐纳写道：

整个复兴计划的基本假设是，只有联邦政府才有社会智慧，而我们不能指望个人或者社会群体……能够在自行其是的情况下明智地或有效地行动。

实际上，联邦政府在控制和管控美国经济：

商业不再是自由的，而且商业曾经拥有的自由正受到体制的钳制。政府定价正在限制利润，而资本必须要通过复杂而极端的政府测试才行。最低工资与固定的（最低和最高）工作时长相关，不久也将会受到政府的严格管制，雇员和雇主之间的所有分歧都受到联邦代理人所实行的联邦法律的裁断。

主要作物的最大种植面积由政府规定而固定下来,几乎市场过程中的每一个步骤都受到直接的政府管制,在政府的施压下不再种植的土地也要由政府决定能够用来做什么(农民已停止在这种被管制的土地上耕作)。

当下的银行业实际上承担起了政府职能,政府强迫增加不必要的资本,而且强制进行危险的储蓄保险计划,而公民持有金币和金条都成了犯罪行为。

在极不平等的条件下,直接的政府竞争通过田纳西山谷当局(Tennessee Valley Authority)建立起来,而且蔓延到6个州。这些地区的整个社会生活将被重塑成一个由政府财政支持和政府主导宣传的政府模型……

我们只要想象这种"复苏"再持续几年,一个国家的大多数人就会依赖政府生活。他们会理所当然地认为政府不能放任不管,在政府计划和政府赠予面前,他们既不会期待什么,也没有能力去自食其力或保持独立。

拉夫·罗比(Ralph Robey)在他的书《罗斯福与复苏》(*Roosevelt versus Recovery*,1934)中也做出了类似的分析,他总结说:

如果我们要避免这样的灾难,我们就必须回到自由资本主义的信条上来。

如果我们要作为一个国家繁荣起来,我们就必须具备重建一个稳健经济体的前提条件……我们要在新政和稳健繁荣之间做出选择。我们要在罗斯福和复苏之间做出选择。

霍华德·E. 柯氏纳（Howard E. Kershner）于 1936 年在他的《罗斯福的威胁及其政策》（*The Menace of Roosevelt and His Policies*）一书中也表达了同样的担忧。他指出，"在罗斯福总统的领导下，美国已经开始吸起了经济鸦片"，做起了通过计划和大家长做派就能够实现繁荣的黄粱梦。他在分析中总结指出：

> 毫无疑问，政府涉及大量的政治诈骗。这是人类用过的第一个也是最重大的骗局，有时候这种骗局靠的是口号、标语和所谓经济学家的"黑话"，而不是刀剑、断头台和枪炮，但它仍是一个骗局。人们为了控制公共钱包而去斗争、谋划、制造混战，真是无所不用其极！人们利用自己的公共职务和权力满足私欲，真是无所不用其极……
>
> 罗斯福先生……在事态相对简单的时候掌控了我们的政府，而且他在大多数时候受制于政府的基本职能，后来，他把政府改造成了一个高度复杂且无能的机构，只是为了扼杀商业，折磨自由的人们的私人生活。毫不夸张地说，他在政府是个小骗局的时候掌控了它，然后把它搞成了一个大骗局。
>
> 华盛顿的联邦政府要对个人的经济状况负责，而且大量的人民要依赖联邦救济，他们中的很多人现在认为自己的生活境遇是政府欠他们的，凡此种种，都是罗斯福先生种瓜得瓜，种豆得豆的后果。

要捍卫民主，我们就必须回到经济自由中。罗斯福先生一再鼓吹"计划经济性质"的试验，挥霍金钱，对公共信用进行草率扩张，实行通货膨胀政策并操纵货币。官僚体制、对阶级仇恨的迎合、拒绝兑现承诺和对政府失信，都是他采取的政策所导致的结果。凡此种种，罗斯福先生已经让我们整个政治和经济自由传统受到了威胁。这就是罗斯福的政策和他的威胁。

在1937年出版的《美国资本主义的黄昏》（Twilight of American Capitalism）一书中，A. S. J. 巴斯特（A. S. J. Baster）指出，自由市场经济的最大优点之一是，它既不尊重又不保护那些想要特殊待遇的人。巴斯特解释说："竞争是一个想要经济特权的群体的大敌，竞争可以将这个群体（如那些试图建立垄断的群体）完全摧毁，竞争能够保留其他建立在人类才能之上的群体，且这些群体中的个人所做的贡献会时常被市场所检验，当贡献不足时会遭到市场驱逐。"

在巴斯特看来，"要义十分明显"。在美国新政的政治秩序下，市场竞争不再决定各个社会成员获取的相对收入份额；相反，特殊利益的政治影响将会决定各个群体能否通过政府性再分配和偏袒得到收入。结果是，自由民主秩序的稳定受到威胁，因为它已成为特殊利益的玩物，而不是个人权力和竞争秩序的保护者：

得到政府实惠的人会通过游说来确保他们一直得到好处，而其他人也会要求得到同等对待；经济决策可以被收买，或者通过议院的低劣辩词而得以制定；民主最终必然在政府明显成为所有利益的玩物或者其中一方的喉舌时消亡……新政最致命的弱点是……那些（经济）计划（和干预）所造成的对民主的削弱。

1935年，当美国最高法院宣布国家复兴局和农业调整局违宪时，新政最糟糕的部分才宣告结束。同时，最高法院宣布联邦政府直接决定美国经济中的价格和生产的权力也超出了美国国父们设想的自由社会的边界。

但"积极的"政府并没有被打败。不久以后，罗斯福得以指定新的最高法院成员，他们更倾向于认为宪法是"活的"，在社会和经济事务上，宪法容易受到变化的政府"责任"理念的影响。

此外，一种"新的经济学"即将到来，它会提出一个政府对财政和货币进行操控的更一般性的逻辑。凯恩斯经济学将改变市场经济中政府的角色。

第四章

凯恩斯的革命

凯恩斯对他所声称的维护权威和本领的正确性和能力毫不怀疑。他是那种认为自己在任何方面都比社会中的其他成员更为优秀的英国精英。正如崇拜凯恩斯的传记作家罗伊·哈罗德（Roy Harrod）所说："他坚信……英国政府正在而且也应该处在一个知识贵族阶层的手中，他们通过说服他人来进行统治。"而且美国的凯恩斯主义者亚瑟·史密斯（Arthur Smithies）也指出："在凯恩斯向往的世界中，货币和财政政策应由权威的智者来执行，而这些政策将能够确保繁荣、平等、自由，并尽量维持和平。"

约翰·梅纳德·凯恩斯和"新自由主义"

1925年，英国经济学家约翰·梅纳德·凯恩斯在剑桥大学举办了一场讲座，题为《我是一个自由主义者吗？》("Am I a Liberal？")他认为自己不是一个保守主义者，因为保守主义"没有前途，保守主义满足不了任何理想，保守主义也不遵循什么知识标准，保守主义甚至不安全，它甚至不可能从破坏者那里保护我们已经达到的文明程度"。

凯恩斯继而问自己是否考虑加入工党。尽管他承认"从表面上来看，这很诱人"，但他还是拒绝了。"首先，工党是一个阶级党派，而且这个阶级并不是我所属的阶级。"凯恩斯如是说，"当说到当下的阶级斗争的时候，我同除极个别让人讨厌的过度狂热的人以外的其他人一样，对本地和个人的爱国主义情绪是与我自己身处的环境相关的……在阶级斗争中，我站在受过教育的资产阶级这边。"此外，凯恩斯怀疑那些控制工党的人的智力，认为工党被"那些根本不知道自己在说些什么的人"所左右。

这让凯恩斯得出一个结论，他认为："自由党仍是未来进步的最好工具——要是自由党有强大的领导力和正确的纲领就好了。"

但是英国的自由党只有在它放弃"过时的个人主义和自由放任"之后才有可能在社会中承担积极的角色，他认为个人主义和自由放任已经是"明日黄花"。相反，他认为我们需要一种"新自由主义"，这涉及"新时代的新智慧"。在凯恩斯看来，这意味着"从经济无政府主义到一种从社会正义和社会稳定的利益出发对经济力量进行控制和引导的体制"。

1926年，凯恩斯发表了一篇题为《自由放任的终结》("The End of Laissez-Faire")的演讲稿，他指出："认为个人在他们的经济活动中享有规范的'自然自由'（natural liberty）是不对的。并没有什么'契约'（compact）赋予人们永久的权利。"我们也不能假设自私的个体在追求他们的自身利益时能有利于公共利益。

在工业变得越来越集中并受到有限的工业管理者掌控的时期，凯恩斯提出了"一种回到中世纪的（企业）自治的概念"。但相对于让这些企业去自行追求获取利润的目标，凯恩斯提出一种半垄断的结构，这种结构能够在政府许可和监督的情况下运行。

在一个充满"不确定性和无知"，并且时常造成社会中一些工人失业的世界里，凯恩斯建议："这些问题的解决办法在一定程度上要靠一个中央机构对货币和信用进行人为控制。"这也要求政府收集有关"商业形势"的数据，这样政府就能"通过一些适当的执行机关对大量有内部联系的私营企业实施指令性计划"。而且，凯恩斯认为，政府需要通过"协调情报工作"来决定社会中储蓄的数量，决定允许投资外国市场的国民储蓄比例，并且应该在"最具国民生产力的渠道"中对国内储蓄实行分配。

最后，凯恩斯认为，政府应该对国家人口的最合理数量实行

"国家政策"。"做出这一政策后,我们必须逐步施行"。另外,凯恩斯还对优生学政策进行了一系列严肃的考量:"总会有那么一天,社会作为一个整体,必须考虑其内部质量及其未来成员的数量。"

这些理论并未让凯恩斯成为一个严格意义上的社会主义者或者共产主义者。确实,在访问苏联之后,他在1925年发表的一篇文章中猛烈抨击了布尔什维克政权:

> 对我来说,我在一个没有受到宗教迫害的环境里长大,天不怕,地不怕……我还没准备好接受这样一种教条——完全不在乎它毁了多少人日常生活中的自由和安全,而且故意使用迫害、毁灭和国际冲突作为武器。要一个受过教育、体面而聪明的西欧人的儿子在这里找到他的理想是很困难的。

凯恩斯认为,苏联比西方更具优势的地方在于,苏联有近乎宗教化的革命狂热、普通工人的浪漫主义,以及对赚钱的谴责。确实,在凯恩斯看来,苏联彻底铲除"赚钱心态"的尝试是"一个卑鄙的创新"。凯恩斯认为,资本主义社会必须找到比自利的"热爱金钱"更高尚的道德基础。因此,凯恩斯认为,苏联优于资本主义社会的地方就在于,它占据了反对资本主义、个人主义的道德高地。而且凯恩斯还认为苏联发展的"任何有用的经济技术"都能通过遵循其新自由主义模型而被轻易地嫁接到西方经济中,而且这样做会与苏联所做的"同样成功,甚至比苏联更加成功"。

凯恩斯在20世纪20年代中叶写下这些文章的时候,他已经是世界上最著名的经济学家之一。1919年,他发表了对《凡尔赛条约》的批评，即《和约的经济后果》（*The Economic Consequences of the Peace*）。1924年，凯恩斯出版了《货币改革论》（*A Tract on Monetary Reform*）。在这本书中，他呼吁放弃传统的金本位，并建立政府管理的货币。

金本位意味着一国货币的价值应由每个国家在其国内价格和工资结构进行适当调整的意义上所必须遵循的国际市场力量来决定。当工会足够强大，且工人的工资需求不遵循市场条件时，如果工会所坚持的货币工资水平高于由黄金市场决定的工资水平，遵守市场指导的金本位就会造成工人的失业。

相反，凯恩斯呼吁放弃黄金和英镑之间的固定汇率，他认为英镑的外贸价值应该由中央银行增加或降低，以维持国内价格和工资处于（由政治决定的）较为理想的水平上。或者如凯恩斯所言："当内部价格水平的稳定和外部交易的稳定不能兼顾时，我们一般更倾向于内部价格水平的稳定。"凯恩斯认为："我们不可能逃避对货币的'管理'，不管我们愿不愿意。说真的，金本位早就已经成为野蛮人的遗迹了。"

1930年，凯恩斯出版了两卷本的《货币论》，他希望这本书能够奠定其20世纪最伟大经济学家的地位。但在接下来的两年里，欧洲和北美的很多顶尖经济学家都对这部著作做出了评论，他们指出这本书在假设和论证的逻辑上都存在根本缺陷。最犀利的批评来自一位年轻的奥地利经济学家——哈耶克，他的评论在1931年和1932年分两次发表。哈耶克指出，凯恩斯既不理解一般市场经济的本质，也不了解为了经济稳定而保持储蓄和投资处于合理平衡时的利率所具有的重要意义。

随着大萧条的到来，凯恩斯又一次拒绝接受用自由市场来应对不断增加的失业和闲置的产业——它们随着1929年经济崩溃而加剧了。他用两封"公开信"的形式把自己的政策发表出来，这两封"公开信"是分别于1933年12月和1934年6月写给罗斯福的。此外，他还在英国做了一些演讲，并在演讲中对新政的可行性和后果做了评估。

凯恩斯认为，罗斯福是"各国试图在现有社会体制框架下通过合理的试验来寻求修复我们不良境遇的受托人"。罗斯福是世界领袖，而凯恩斯是"世界上最同情他的人"。在凯恩斯看来，新政包括两个要素——复苏和改革。国家复兴委员会代表的是新政改革的一个方面。考虑到这是美国长期产业政策的一个理想转变，而新政作为一个短期政策，对复苏的帮助却很有限，凯恩斯对此大加批判。首先，对美国工业的强制卡特尔将"挫伤商业界的信心，并且会在采取其他决议之前降低现有商业的积极性"，而且它有可能"给官僚体制带来太大的工作量"。其次，强迫生产和通过法令推高工业价格与工资，会造成市场对劳动力需求的下降，因而无法刺激更多的就业。

相反，凯恩斯推荐将货币扩张和联邦赤字性支出作为克服大萧条中大量失业的途径：

> 公共当局必须……通过支出借来的或者加印的货币来创造额外的收入……等到人们的购买力提高的时候，人们就会期待以更高的价格得到更多的产出。没有上涨的价格就不可能有产出的增加，因此，保证经济复苏不受货币供给不足的影响就显得至关重

要（充足的货币供给可支持足够的货币成交量）。由于上面所列的原因，我认为当务之急就是在政府的支持下进行大量的贷款支出。我们应该优先考虑支持那些能够快速成形的大规模投资项目，这样做的目的是让投资活跃起来。另外，要保持廉价而充足的信用，尤其是要降低长期利率。

凯恩斯在20世纪二三十年代出版的著作中鼓吹利用一种"新自由主义"和政府赤字性支出来"解决"大萧条，这是凯恩斯革命的前提，而这场革命以凯恩斯的《就业、利息与货币通论》（*General Theory of Employment, Interest and Money*）在1936年的出版而宣告开始。通过这些主张，凯恩斯对20世纪的自由市场经济提出了前所未有的挑战。

凯恩斯和凯恩斯经济学

约翰·梅纳德·凯恩斯著名的《就业、利息与货币通论》出版于1936年2月4日。该书出版后对经济学专业的影响令人震惊,对此后80多年经济理论和政策的影响也是巨大的。麻省理工学院的保罗·萨缪尔森是1970年诺贝尔经济学奖得主,也是第二次世界大战后凯恩斯经济学最著名的诠释者。在凯恩斯逝世两年后,即1948年,萨缪尔森为由哈里斯(Seymour Harris)编辑的《新经济学》(*The New Economics*)一书撰写了一篇文章。在一段经常被引用的段落中,萨缪尔森解释道:

让现代学者认识到"凯恩斯革命"在我们这些于传统中长大的人身上产生的全面影响是不可能的。没错,一个生于1936年之前的经济学家是幸运的……《通论》让大多数35岁以下的经济学家意外地染上了"病毒",这种"病毒"首先攻击并杀死了"南海岛国的孤立部落",50岁以上的经济学家则对这种"病毒"免疫。随着时间的推移,大多数年龄居于中间的经济学家开始受到这种"病毒"的影响,而他们常常不自知,也不承认……这种印象快速得到英国经济学家——而不是那些身居剑桥、牛津捧着新福音书的学者的证实。更令人称奇的是，伦敦政治经济学院的新秀脱去他们的哈耶克盔甲，也加入了他们的行列。在（美国）这个国家，发生的情况几乎一样……最后，从长期来看，可能凯恩斯主义已经开始扩散至小学课本中。正如大家所知道的，一旦思想传播到这种程度，不管这种思想多么糟糕，它都会变得不朽。

即便到了今天，传统的凯恩斯主义已经受到挑战，并被很多经济学家抛弃，但凯恩斯主义的分析框架仍然出现在大多数宏观经济学教科书中，这印证了萨缪尔森的观点——"不管多么糟糕，它已经变得'不朽了'"。

凯恩斯理论的要义在于，它说明了一旦经济出现衰退，在不受干预的情况下，市场经济并不存在任何能使其回到"完全就业"状态的自我矫正机制。凯恩斯理论的核心是，它阐释了萨伊定律的错误。

萨伊定律以19世纪法国经济学家让-巴蒂斯特·萨伊的名字命名的，其基本原理是一个人只有进行了生产才能消费。古典经济学家大卫·李嘉图（David Ricardo）这样表述：

> 通过生产，他要么成为自己产品的消费者，要么成为别人生产的产品的购买者或消费者……人们总是用产品或服务来购买产品，货币只是影响交易的媒介。

凯恩斯认为，那些在市场中销售了商品或者享受劳动力服的人并不一定会把他们的全部收入花在别人提供的商品和服务上。因而，花在商品上的金额可能比生产这些商品的人的总收入要少。

反过来，这意味着在市场中销售商品的公司的总收入可能比将这些商品带到市场上所产生的花费要少。由于总销售收入比总商业花费要少，商人除了减少产出和减少他们所雇佣的工人数量之外别无他法，只有这样，他们才能在经济"不景气"的时候将损失降到最低。

但凯恩斯认为，这只会加剧失业和产出下降问题。由于工人下岗，他们的收入必然下降。失业人员用于支出的收入少了，便会减少他们的消费支出。这会造成对市场中产品和服务需求的进一步下降，于是受生产成本因素影响而销售收入下降的商业实体会变多。二者会造成新一轮产量和就业率的下降，使得生产和工作的累积性收缩进一步加剧。

为什么工人不接受更低的工资来换取雇主在市场需求下降时重新雇佣他们呢？凯恩斯说，因为工人遭遇了"货币幻觉"。如果商品和服务价格下降是因为市场中消费者的需求减少，那么工人可以在接受更低货币工资的情况下，确保其生活境遇在真实购买力上并没有被削弱，出现这种情况的前提是工人平均货币工资的下降值不高于价格平均水平的下降值。

凯恩斯说，工人一般只考虑他们的货币工资，而不考虑他们的实际工资，即他们的货币收入在市场上的购买力。因而，工人总是宁可接受失业也不愿接受工资下调。

消费者对市场中的最终商品和服务的需求下降，必然意味着他们的储蓄将增多。随之而来的是储蓄者有更多的钱以更低的利率借给潜在贷款者。为什么他们没有增加消费支出，也没有以增加投资的形式雇佣劳动力和购买资源呢？

凯恩斯坚持认为，储蓄者和投资者的动机是不同的。获得收入者可能只想消费他们收入的很小一部分，将大部分收入用于储蓄，而且还可以按一定利息借给借贷者。但凯恩斯坚持认为，我们无法确定商人是否愿意借更多的钱，并把它们用于雇佣劳动力以及生产未来出售的商品。

既然未来是不确定的，而且明天可能和今天大为不同，凯恩斯声称，商人很容易中了不可预料的乐观主义或悲观主义浪潮的魔咒。这魔咒让他们借贷和投资的兴趣与意愿起起伏伏。获得收入者现在消费需求的下降是否会受到他们想要增加未来消费这一愿望的影响呢？商人无法知道什么时候那些获得收入者愿意增加他们在未来的消费，或者什么商品在未来会畅销。结果就是，消费者对当下生产需求的下降仅仅成为商人当下减少投资活动的原因。

如果因为某种原因出现了一波商业悲观情绪，导致人们对投资借贷需求的下降，那么这将会造成利率下降。投资需求下降造成的利率下降将使人们不愿意储蓄，因为微薄的利息收入现在要由借出一个人的部分收入才能换得。这样的结果是，消费支出将随着储蓄下降而升高。这样一来，尽管投资支出可能不景气，但更多的消费支出将弥补这一差额，并确保社会对资源和劳动力的"完全就业"需求。

但凯恩斯并不允许这样的情况出现，原因就是他所说的"消费倾向"的"基本心理定理"。他说，随着人们收入的增加，收入中的消费支出倾向于增加，但增加的额度比收入少。因而，随着时间的推移和社会收入的增加，储蓄而不是消费在人们收入中的占比越来越大。

在《通论》中，凯恩斯列出了一系列客观因素和主观因素，他认为这些因素会影响人们的消费选择。客观因素"包括意外的利润、利率的改变和对未来收入预期的改变"，主观因素"则包括享乐、短视、大方、误判、炫耀和挥霍"。

他仅仅断言，客观因素（包括利率的改变）对人们关于"从给定数量的收入中拿出多少消费"这一决策影响甚微。主观因素基本是不变的，即"由种族、教育、风俗、宗教和现有的道德……既定的生活水平所塑造的习惯"。

凯恩斯得出一个结论，他认为人们的需求基本上是由他们的社会和文化环境所决定并固定下来的，其改变过程十分缓慢，"我们预先得到的某一事物的供给……越大，我们要找到其他事物替代它就越难"。换句话说，人们已经得到了所有想要通过投资获得的东西，社会中的资源（包括劳动力）的数量，越来越超出人们对它们的需求。

换句话说，凯恩斯颠覆了经济学中最基本的概念，即我们想要的东西和愿望总是倾向于超过我们能够实现这些期望的手段。凯恩斯竟然认为，人们处于一个"后稀缺"的世界。在这个世界中，我们能够使用的手段竟然变得比我们要用它们来实现的目标还要多。社会危机竟然是富裕危机！我们越富有，我们能找到的工作就越少。按照凯恩斯的说法，人们不再幻想一个新的改善生活的方式，并且获取新的生活方式的能力也是有限的。经济问题在于我们都太富有了。

结果是，没有用于消费的收入可能会堆积在那里，作为未使用的和未投资的储蓄；而已经进行的投资可能会上下波动，其原因就是凯恩斯所说的商人们对不确定的未来所具有的不理智的心理——"动物精神"。因此，自由市场经济就持续受到一波波"繁荣—萧条"的危害，随之而来的是长时间的高失业率和闲置工厂等问题。社会问题源于人们消费太少而储蓄太多，无法确保市场中所有工人在一般工资水平上都有工作岗位，而市场对工人们所提供的服务的需求下降时，工人们拒绝接受下调工资水平。

只有一种体制可以作为稳定机制来维持完全就业和稳定生产，那就是运用各种激进的货币和财政政策。

这就是凯恩斯经济学的要义。

凯恩斯主义经济政策及其后果

1933年4月，在爱尔兰的都柏林进行的一次名为"国家自足"（National Self-Sufficiency）的讲座中，约翰·梅纳德·凯恩斯宣布放弃之前关于自由贸易所能带来的好处的观点。他声称：

我同情……那些愿意将国家之间的经济关联最小化而不是最大化的人……让我们无论何时都能在合理的而且是尽可能方便的情况下选择本地生产的产品。最重要的是，让我们主要在国内融资。

1936年，他的著作《就业、利息与货币通论》出版的时候，他仍然持有这种经济保护主义的观点。在《通论》的最后几章，他提到了17世纪和18世纪重商主义者的作品及其对政府控制与操纵国际贸易和国内投资的新价值。

但凯恩斯在1933年的那次演讲中表达了另一种观点：

我们每个人都有自己的幻想。我不认为我们早已得到救赎，我们每个人都要试着找到自己的救赎。因此，我们并不希望受到世界上各种势力的摆布，或根据自由放任资本主义的理想原则设计某种统一的平衡。

凯恩斯认为，如果我们采用放任不管的方法，我们就不能指望市场经济保持稳定或实现完全就业。相反，我们需要一个激进的政府货币或财政干预项目来延续经济繁荣。如果这需要在一定程度上实施计划，凯恩斯认为我们可以接受那种直接的社会工程。人们常常引用一封 1944 年凯恩斯写给奥地利学派经济学家哈耶克的信。在信中，凯恩斯说他发现自己"十分认同"哈耶克在《通往奴役之路》(*The Road to Serfdom*) 一书中的观点。但人们很少提到的是凯恩斯在这封信中所写的下面一段话：

我们想要的并不是没有计划，或者更少的计划，我真正要说的并且几乎可以确信的是，我们需要更多的计划。适度的计划，如果是由头脑清醒、良心尚存的人去执行，将是安全的。如果人们的所想和所感是正确的，危险行为即使可能发生，也是安全的；如果人们的所想和所感都是错的，那么这些危险行为就会招致灾难。

当然，问题在于，该由谁来决定社会中的哪些成员的所想和所感足够"正确"，以使他们有资格拥有为所有其他人进行计划的权力？我们如何保证这种权力不落到"那些所想和所感都是错的"的人手中？此外，我们凭什么来确定，那些声称自己"头脑清醒、良心尚存"的人拥有足够的能力和知识为社会拟订计划，且这些计划能够达到令人满意的经济效果呢？

然而，正如一些评论者所指出的，凯恩斯对他所声称的维护权威和本领的正确性和能力毫不怀疑。他是那种认为自己在任何方面都比社会中的其他成员更为优越的英国精英。正如崇拜凯恩斯的传记作家罗伊·哈罗德（Roy Harrod）所说："他坚信……英国政府正在而且也应该处在一个知识贵族阶层的手中，他们通过说服他人来进行统治。"而且美国的凯恩斯主义者亚瑟·史密斯（Arthur Smithies）也指出："在凯恩斯向往的世界中，货币和财政政策应由权威的智者来执行，而这些政策能够确保繁荣、平等、自由，并尽量维持和平。"

正如我们所看到的，凯恩斯认为自由放任市场经济的根本问题是，由于收入随着时间的推移而增加，该收入中储蓄起来的部分也会成比例增长，个人会习惯并且形成特定类型的消费需求。当这种消费需求得到满足的时候，消费者就没有什么欲望了，不管是在当下，还是在未来。结果就是，这将限制他们储蓄金额的增长速度，即限制对这些储蓄的私人投资需求的数量。

当消费倾向受到人们的这种心理的限制，投资需求也受到获得未来利润的投资机会的制约时，社会中的储蓄就会一直积累下去而不能被利用起来。由于存在"货币幻觉"，我们假定工人不愿接受货币工资需求的大幅度调整，市场对商品和服务的总需求将不足以赢利，也没有足够的资金雇佣那些能接受在市场中占主导地位的货币工资水平的工人。

在凯恩斯看来，唯一的补救办法就是，政府介入并把没有使用的储蓄用于赤字性支出以刺激投资活动。政府把这些借来的钱花在哪里并不重要，只要这些项目让人们有工作可做，即使是"效用存疑的公共项目也是有用的。只要能够创造就业机会，建造金字塔，遭遇地震，甚至参与战争都有助于增加财富。建造房屋之类的工作确实更靠谱，即便这样做会存在政治上或实际上的困难，也比什么都不做更好"。

凯恩斯也不相信私营部门能够通过保持合理投资水平的投资活动来提供就业。正如我们所见，未来的不确定性造成了商人的"动物精神"，让人们产生或乐观或悲观的想法，继而造成生产和就业水平的波动。值得庆幸的是，政府可以填平这道鸿沟。此外，由于商人的恐惧及其投资行为的情绪化和短视，政府有能力"基于一般社会优势"冷静地计算真正有价值和值得进行长期投资的项目。

确实，凯恩斯指望政府能够承担"更大的直接投资这一责任"。凯恩斯说，在未来，"我因此相信某种投资的全面社会化将是实现完全就业的唯一的可靠方法"。随着私人投资的盈利能力逐渐枯竭，社会中将出现"食利者的安乐死"（the euthanasia of the rentier）和"资本主义累积压迫强力的安乐死"（the euthanasia of the cumulative oppressive power of the capitalist），他们为了自己的利益而利用资本的稀缺性。这种既得利益者和资本主义团体的"协助自杀"不会制造任何革命动乱，"我们可以逐步地，而且丝毫不打破社会一般传统地引进社会主义的必要手段"。

这并不意味着私营部门将被完全废除。通过货币政策和财政政策，政府将决定经济中总的支出水平，并允许私营企业引导资源去生产各种商品，并在市场中销售这些商品。

财政政策是政府通过借入未使用的储蓄（作为闲置现金或未使用的现金储备）的方式，为其带来赤字并向经济中注入净增长的消费额。在凯恩斯看来，关键是政府要增加支出，只要支出增加得足够多，经济中的一般价格就会上涨。"货币价值的下跌预期（价格上涨）会刺激投资，从而刺激就业"，原因是这将增加潜在投资的利润率。

为什么上涨的价格会刺激投资利润率呢？因为，在凯恩斯看来，工人的"货币幻觉"从正反两面发挥作用。正如工人在价格下跌时不接受货币工资的减少一样，工人一般也不会在价格上涨时主动要求涨工资。凯恩斯说："由雇主修改货币工资协议，将比逐渐地、自动地由价格上涨所造成的真实工资下调遭到更加强有力的抵制。"因此，政府的财政刺激将使价格上涨，一般而言会与生产成本相匹配（尤其是劳动的货币工资成本），因而可以增加利润空间，激励私营雇主和投资人扩大产出和重新雇佣失业者。

与财政激励相匹配，政府要出台必要的货币扩张政策来保持低利率。如果政府的财政激励没能使私营部门产生更大的投资支出，那么它将倾向于增加私营部门对借款的需求，以支持其生产活动的扩大。这种增加的借款需求将倾向于推高利率，抑制一些私营部门的商业活动，而这些商业活动正是政府要努力刺激的。因此，政府的货币当局要创造出足够的货币来满足政府和私营部门对借款的需求，同时保持利率不变（甚至降低）。

尽管凯恩斯对构造经济统计模型的尝试感到怀疑（在他于1939年发表的一篇文章中，凯恩斯言辞激烈地批评了当时一个时髦的经济计量技巧的研究者），但显然，他还是认为政府有能力决定构建和保持一个完全就业的经济所需要的财政和货币刺激的合理数量。

而且他认为政府必须对一个国家的进出口加以管制，以保证合理的国内生产水平和就业水平。凯恩斯说："当局应该密切关注贸易差额状态，这对维持繁荣是至关重要的……因为一个合理的贸易差额——如果差额不太大——将是极具刺激作用的。"至于这对国际贸易的影响，凯恩斯声称："古典学派（经济学家）夸大了……国际劳动分工的优点。"

因此，对凯恩斯而言，经济生活中没有哪个方面应该免受政府激进之手的影响。毕竟，凯恩斯说过"我们各有所爱"，而他的目的是为政府"找到救赎我们的方法"设计一套逻辑和工具。

市场的萨伊定律和凯恩斯经济学

在《就业、利息与货币通论》的序言中,约翰·梅纳德·凯恩斯声称:"创作本书一直是作者为了'逃避'而做出的努力……奋力摆脱思想和表达的窠臼。"其实,凯恩斯真正奋力逃避的是经济学的常识。

从18世纪的亚当·斯密到21世纪的奥地利学派经济学家,经济学已经发展并精练成有关人类行动和人类选择的研究和逻辑。在200多年的时间里,经济学家越来越清楚地认识到,社会中或者市场中发生的所有事,都是从个人的行动和决策开始的。的确,市场是一个总结性的词,用来描述一个竞争环境,在这个环境中,个体作为供给者和需求者相遇并相互作用,通过贸易实现共同利益。

每个人都有他想要实现的目标。要实现这些目标,他就必须进行生产,而要生产,他就必须运用手头的各种手段。但遗憾的是,他发现他能用的手段往往不足以实现他要做的事情。他要面对稀缺性这一现实,他也会遇到必须做出选择的情况。他必须决定在各种目标中他更偏爱哪一个,他必须用他能采取的所有手段来实现更有价值的目标,而在当下或未来都不必管那些价值更低的目标。

在他感到失望的时候,他环顾四周,看看是否存在改善境遇的法子。他发现别人跟他一样,也会经历同样的挫折。有时候,他发现别人拥有一些在他看来比他所拥有的东西更有价值的东西,而别人则认为他所拥有的东西更有价值。于是从交易中获得好处的可能性出现了,在交易中,只要他用自己的东西交换别人的东西,双方的境遇都会得到改善。

但一定数量的一种东西能够换成多少数量的另一种东西呢?这是通过交易双方在市场中讨价还价来确定的。最终,交易双方可能会同意某种交易条件,并就他们以一种东西交换另一种东西的价格达成一致,比如几个苹果换几个梨,几斤小麦换几斤肉,几双鞋换几套衣服。

贸易开始变成人们通过买卖改善自身处境的寻常活动。人们发现这些交易机会的价值后,开始专攻某一类生产活动,进而创造出劳动分工体系。每个人都试着找到相较于他们的贸易伙伴更具有比较优势的门类。随着市场的扩张和交易范围的扩大,买方和卖方之间的竞争出现了。商品交易的价格越来越能反映市场交易中买卖双方愿意接受的竞争价格。

交易网络越复杂,人们直接用一件东西换另一件东西就变得越困难。与其因为不能找到直接交易对象而感到沮丧和失望,不如开始寻找某种商品作为交易媒介。人们先把自己生产的东西换成某个特定的商品,然后用这个商品从别人那里购买他们想要的其他东西。当这个特定的商品被市场交易中的大多数人(即使不是所有人）接受的时候，这种商品就变成了货币商品（money-good）。

我们应该清楚，即使所有的交易都是通过货币这一媒介实现的，但从本质上看，仍然是以商品交换商品。鞋匠制作鞋子，并把它们卖给想要鞋子的人，换得金钱。然后，鞋匠用卖鞋赚来的钱买他想吃的食物。除非他通过在市场上卖掉一定数量的鞋子赚得一定数量的钱，否则他是买不起这些食物的。最终，提供鞋子成为他换取食物的手段。

这本质上就是萨伊定律的含义。萨伊定律得名于19世纪法国经济学家让－巴蒂斯特·萨伊。萨伊称之为"市场定律"。我们只有先生产，才能消费；只有先供给，才会有需求。

但别人愿意从我们的供给中拿走多少，完全取决于我们给别人提供的价格。在其他条件不变的情况下，我们对产品的定价越高，别人就越不愿意购买我们的产品；我们卖得越少，货币收入就越低；我们的货币收入越低，对别人销售的东西的需求就越低，用于消费的资金就越少。因而，如果想卖掉我们选择生产的所有东西，我们就必须正确地定价，即将价格定得足够低，以便让潜在需求者买光我们所提供的所有产品；如果把我们的商品和劳动力服务的价格定得太高，而别人对它们的需求是既定的，那么这些商品将不能被全部卖掉，有些劳动力也不会被雇佣。

此外，在其他条件不变的情况下，降低我们愿意出售的商品或服务的价格将创造出更多购买商品或者雇佣劳动力服务的意愿。别人越多地购买我们的商品，我们的货币收入就会越多；而通过正确地为商品或服务定价使货币收入增加，我们就增加了对别人的商品或服务的需求。

不得不承认，有时候，即使降低我们的价格，也无法使足够多的人对我们的商品或服务的需求增加，所以也不会使我们的收入上涨。实际上，降低价格可能造成我们的利润或收入下降。这一条也是市场定律：我们选择供给的东西的价值不会超过别的消费者愿意为其支付的价格。市场就是这样告诉我们的：市场对我们出售的商品或特定劳动力技能的需求并不是特别大；消费者认为他们能够买到的别的东西对他们而言价值更高。

市场也用这种方式告诉我们：我们在劳动分工中为自己选定的特定利基产品表明，我们所具有的生产能力或者劳动服务的价值并不如我们所希望的那么高；我们需要将我们的生产活动转向其他方向（代表了生产线的转移），那里的消费者需求更大，而且在那里，我们的生产能力可能会更有价值。

消费者有没有可能并不会将他们之前在市场中出售商品所赚的钱完全花掉呢？这些赚到的钱有没有可能会被"储藏"起来一部分？这样一来，消费者对其他商品的需求就没有增加。那么，我们能不能找到其他可以让我们赚到钱的行业或就业岗位呢？一般而言，市场中对商品的"总需求"将不足以购买市场上出售的商品和劳动力服务的"总供给"，是这样的吗？

19世纪英国古典经济学家约翰·斯图尔特·穆勒（John Stuart Mill）对萨伊定律的重述和精练，已经提供了这些问题的答案。在一篇题为《消费对生产的影响》（"Of the Influence of Consumption on Production", 1844）的论文中，穆勒认为只要存在人类想要而未得到满足的任何目的或期望，我们就还有工作要做。

只要生产者调整他们的供给,以反映消费者对想要购买的特定商品的实际需求,且只要生产者给商品的定价是消费者愿意支付的,那么对那些找工作的人而言就不会存在对资源或劳动的闲置。因而,与对所有事物的总需求相比,永远不可能存在对所有事物的过度供给。

但穆勒承认,出于各种原因,个人出售商品有时可能会要求用现金结算,这使得他们的现金收入的份额更大。在这种情况下,穆勒认为所有商品的"超级过剩"(superabundance)在现实中只不过是"所有商品相对于货币的一种超级过剩"。换句话说,如果我们认为货币像市场中所有其他商品一样也是一种商品,也存在供给和需求的话,那么就会出现一种情况,即与对货币所能购买的其他商品的需求相比,持有货币的需求更大。这意味着,与持有货币的更大需求相比,所有其他商品的供给都相对过剩了。

在持有货币的需求增加而对其他商品的需求减少的情况下,如果我们要把这些市场上提供的除货币外的商品带回到对其需求更低的平衡状态上来,很多商品的价格可能不得不下降。换句话说,一般价格必须下降,直到人们愿意出售的所有商品和服务都能找到愿意购买它们的人。价格上足够的灵活和可调整性以及人们想要被雇佣的强烈意愿可以促进交易的达成。这也是一条市场定律。

自由市场经济学家从不否认市场经济可能会面对一种情况:大范围失业的出现,即社会中相当大一部分的生产能力会被闲置。这种情况的发生是因为供应商未能根据消费者对包括金钱在内的各种东西的需求为商品和劳务定价，以反映消费者所赋予它们的价值。正确的价格总是能够确保充分就业，正确的价格总是能够确保供给创造需求，正确的价格总是能够确保市场和谐。

这就是凯恩斯费尽心思逃避的市场定律。

储蓄、投资和利息与凯恩斯经济学

在1939年出版的《就业、利息和货币通论》一书的法语版前言中，凯恩斯说，在写作这本书时，他已经摆脱了正统经济学，而且极力反对它，他摆脱了它的锁链，并获得了自由。

凯恩斯想要得到的自由是摆脱经济学定律，人类选择的逻辑以及储蓄、投资和利息之间的关系。对凯恩斯而言，收入的支出（消费）是由他所说的人们的"心理定律"决定的，是独立于任何给定的收入水平的"消费倾向"。这一倾向取决于影响人们心理的不同文化、种族、阶级和宗教习惯，而且它们很难被改变。凯恩斯认为有一件事并没有明显影响人们的消费意愿，那就是利率，利率的涨跌对人们把收入中的多少用于储蓄或消费并没有显著影响。

那么利率会影响什么呢？凯恩斯认为利率影响的是人们囤积货币的意愿。考虑到人们的消费倾向，人们储蓄起来的收入要么可以用于投资证券或债券，要么可以作为闲置现金持有。利率所影响的是持有债券或现金的相对吸引力。凯恩斯认为，不管利率下降得多么低，个人都不会产生更多消费。他们的消费受到"心理定律"左右，他们只会以闲置现金的形式继续持有他们的储蓄。

在凯恩斯体系中，利率对人们的投资意愿也没有显著影响。人们的投资意愿建立在他们对潜在投资的未来盈利能力的估计上，也就是他们借出这笔钱的收益能力。但在凯恩斯看来，我们不可能准确地知道未来会发生什么，或者一项投资的潜在回报可能会是多少。既然我们都必须预测行动在极不确定的未来可能产生的后果，凯恩斯认为，人们应该回到"传统智慧"中。也就是说，我们对未来的信仰应该时刻建立在大多数人的看法上。凯恩斯认为："在这样一个不牢靠的基础上，一切都可能发生剧变……新的恐惧和希望可能毫无征兆地主宰人类的行为。"基于（众所周知的）投资者对投资的可能性和收益性的预期也可能受到剧烈的和无法预知的波动的影响，凯恩斯坚持认为，这对投资需求的影响远大于利率。

因此，凯恩斯体系中的"大魔鬼"是人们将收入中的特定份额进行储蓄而不是把收入全部用于消费的倾向。储蓄的增加会使经济中的总花销减少，减少的消费支出会减少销售的可预期收入，降低的销售预期会让商人减少生产，减少生产意味着工作岗位减少，更少的工作岗位则减少了人们的总收入，总收入的下降将造成消费者支出的进一步下降，而这进一步的消费者支出下降将再次导致经济收缩。凯恩斯认为，如果我们能把赚取的收入都消费掉，那么我们就能确保充分就业和高生产率。

在解释凯恩斯对"储蓄之恶"这一概念的基础错误时，我找不到比德国自由市场经济学家 H. 阿尔伯特·哈恩（H. Albert Hahn）于 1946 年所写的《储蓄是一种美德还是一种罪？》("Is Saving a Virtue or a Sin？")一文更富有洞见的话了：

根据储蓄问题的古典（经济学）概念……个体和群体的利益是完全和谐的。那些偏好储蓄的人不仅有助于自己的福利，也有助于国民福利。

一方面，个体可以通过储蓄改善自身福利。储蓄意味着，即使一个人在当下赚了很多，他也愿意将当下的消费转移到未来。因为随着年纪变大或者身体变差，未来的收入可能会变少。此外，储蓄产生的利息也会使他的财富增长。

另一方面，整个国家可以从储蓄中获益。人们将储蓄存放在银行或其他货币存储机构中，企业家可以从这些机构中借钱用于生产，比如购置机器。这意味着生产活动方向的转变。

通过储蓄，生产就从当下消费转移到那些自身无法被消费却可以用来生产消费品的商品上去了。生产转移了，正如有人所言，就是从直接的生产方式转移到了迂回的生产方式上去。生产的迂回可以提高生产率，而这种更加资本化的生产手段所具有的高生产率也会产生进一步的有利影响。由于（生产率的提高）雇主可以迫于竞争的压力为资本支付利息、提高工资，并且降低成本，国民的生活水平因而得到提高。

这个过程重复进行着，增加的储蓄使得原本直接的、需要小额资本就可以进行的生产方式被可循环的、间接的、需要大额资本的生产方式所取代。

但是，储蓄行为造成的消费下降难道不会减少对商品的需求并进而减少生产利润吗？在当前消费品需求下降的时候，为什么商人会从事新的、耗时的投资项目，从而增加未来的产能呢？

如我们所看到的，这些凯恩斯主义问题的答案是经济学家庞巴维克给出的，他提出这些见解的时间比凯恩斯出版《通论》早了35年。在1901年发表的一篇题为《储蓄的功能》的论文中，庞巴维克已经指出了这种观点的谬误。持这种观点的人忘记了人们在进行储蓄时只是推迟了现在的消费，而不是计划永久放弃消费。获取收入者将他们对商品的需求的一部分从现在转移到了未来。他们计划在未来使用已经储蓄的钱和利息收入——这一笔额外获得的钱，来满足他们的消费需求。

因储蓄而节省下来的资源和劳动力，可以用于进行那些不同的、迂回的生产活动，这样一来，就可以生产更多、更好的商品，以等待人们对这些商品产生需求。企业家可以预见未来消费者需求的方向和时机，以及那些未来消费者为特定数量和特定质量的商品可能支付的价格。市场会以利润回报那些能更准确地预见未来市场条件的企业家，并用亏损甚至是血本无归来惩罚那些不能准确预见未来市场的企业家。

相比于凯恩斯提到的"动物精神"和"传统智慧"，市场通过以资源使用和产品销售进行竞争的盈亏体系确保了投资决策更合理。在市场经济中，对投资决策过程的控制权总是倾向于转移到那些企业家手中。在劳动分工体系中，他们所运用的生产模式最有能力将生产活动转移到最符合现在和未来消费者需求的商品生产中。

市场利率可以平衡储蓄者的个人计划和投资人的个人计划，它具有和市场中的其他价格一样的功能，即协调各类人为了从贸易中获益所进行的活动，以达到互惠的目的。市场利率的变化可能会改变个体的消费、储蓄和投资决定，就像其他价格的变化可能改变消费者愿意购买的商品数量以及卖方愿意出售的商品数量那样。

在一个发达的市场中有无数的消费者和生产者，也总会存在这样一些人，对他们来说，价格的任何变化都代表着他们个人的门槛，在这个门槛前，他们就会改变自己的购买和销售行为。我们每个人都有这样的门槛，就是经济学家所称的"边际决策"。价格的某些渐进变化将导致一些人愿意购买或销售的商品数量逐渐增加或减少。

凯恩斯论证了某种神秘的心理定律，他认为这一心理定律是造成人们总是花费特定数额的收入而不受利率影响的原因。他实际上是在否定所有经济学知识建立的基础——人类行为和决策的基本逻辑。从边际上讲，利率不仅影响人们投资债券和证券（而不是将他的收入以现金形式持有）的决策，而且从储蓄中获得的利息收入也是拒绝消费的成本。就像价格因素产生的影响一样，如果利率上涨或下跌，一些人可能会更不愿意或更愿意去消费。正是人们在面对利率的变化时会改变消费或储蓄意愿这一逻辑，确保了消费品的供给和需求，并使储蓄以及特定类型的投资项目能够保持平衡。

凯恩斯所说的正在"极力反对"并渴望从中得到"自由"的，正是人类决策的逻辑以及储蓄、投资和利息之间市场关系的合理性。

凯恩斯经济学和社会工程的危害

1936年9月，约翰·梅纳德·凯恩斯为《就业、利息与货币通论》一书的德语版写了一篇前言。面对德国经济学同人，凯恩斯希望他的理论在德国能够"遇到比在英国更少的抵触"，因为德国经济学家很久以前就已经拒绝了古典经济学家和奥地利经济学派的学说。此外，凯恩斯说："如果我能为德国经济学家准备的饕餮盛宴贡献一点点菜肴，尤其是针对德国的形势，我将得到极大的满足。"

那么凯恩斯所指的特定的"德国的形势"是什么呢？

当时，德国处于希特勒的国家主义体制统治下，而在1936年，纳粹已经实行了他们的四年中央计划。

在那本书的前言末尾，凯恩斯向他的（纳粹经济学家）读者指出：

总生产理论，即我的下一本书的观点，不管怎么说，相比于……自由竞争和很大程度的自由放任条件而言，都更适用于集权让国家。

回顾历史,对凯恩斯要么是纳粹同情者,要么是法西斯极权主义或苏联的拥护者的指控是错误的。但凯恩斯清楚,国家对经济体的控制程度越高,政府就越容易用货币杠杆和财政政策来操纵宏观经济的"总产出""总就业"以及"一般价格和工资水平",以便让整体经济走向更加符合经济政策分析师喜好的方向。

凯恩斯认为像他这样的政策拥护者要么有权力,要么有能力来管理或主导市场中所有人的经济互动。他的这种观点是基于什么道德或哲学基础呢?凯恩斯在他的两部回忆录中解释了他自己的道德基础。这两部回忆录在他去世三年后,于1949年出版。其中一本写于1938年,讲的是在20世纪第一个十年时,在剑桥大学时20多岁的他是如何建立"早期信仰"的。

他和剑桥大学的很多年轻知识分子一样,都受到了哲学家乔治·爱德华·摩尔(G. E. Moore)的影响。有趣的是,与摩尔的观点不同,凯恩斯通过阅读摩尔的著作得出了属于自己的结论。凯恩斯写道:

的确,在我看来,他(摩尔)的哲学最大的优点在于它让道德变得不那么重要了。除了思想状态,当然主要是我们自己的思想状态,其他什么都不重要。这些思想状态与行动、成就或后果都没有关系。它们是不受时间限制的,是激情的沉思状态和思想交流,这在很大程度上与"之前"和"之后"无关。

在这种情况下,传统的伦理以及道德行为准则毫无意义。凯恩斯说:

我们完全否定我们个人遵守一般规则的义务。我们声称有权根据每个案例的优点做出判断，而且我们有智慧、经验和自我控制力去成功地实行（计划）。这是我们信仰中一个十分重要的部分，我们怀着强烈的意愿，竭尽全力去捍卫它。我们完全否定陈旧的道德、风俗和传统智慧。也就是说，我们是严格意义上的无道德者（immoralist）。我们认为限制我们的任何道德义务都是不存在的，我们也没有任何内在的规约需要去顺从或者遵守。在天堂面前，我们是自己的审判者。

凯恩斯声称他和那些像他一样的人"从今往后，完全靠自己的能力、纯粹的动机和良善的可靠直觉"来行事。1938年，50多岁的凯恩斯声称："但对我来说，现在改变已经太晚了。我仍是，而且会永远是一个无道德者。"对于社会秩序，他仍然声称自己有权自由行事而不受约束。凯恩斯说："文明是一个由少数人的意志和人格树立起来的薄而不稳定的外壳，而且只能用规则和习惯来小心翼翼地维持，并悄悄地得以保全。"

在社会和经济政策问题上，凯恩斯的理念受到两个假定的指导，而这两个假定都可以追溯到20世纪初凯恩斯在剑桥学习的时代。这两个假设在1904年的一篇题为《埃德蒙·伯克的政治教条》("The Political Doctrines of Edmund Burke")的文章中被清楚地表述过：

我们的预测能力是如此微弱，我们对遥远后果的认知是如此不确定，因而牺牲当下的利益来换取未来不确定的利益是极不明智的。我们永远无法获得足够多的信息来确定是否应当冒险。

我们应该做的事取决于形势……良善总是不变的，而且不可离弃，而应然的事则变来变去，消失后会产生新的形状和形式。

古典自由主义者和古典经济学建立在对人类和社会的洞见之上。第一个洞见是，人性中有一种不变的品质让人成为人。如果社会要变得和谐、和平与繁荣，人类就必须改变社会制度，要把个人的自利行为转变为那些不仅有利于他们自身，也有利于社会中其他人的行为。因此，他们宣扬私有产权、自由交易、开放、和平竞争等相关制度。后来，正如亚当·斯密言简意赅表述过的那样，人类将生活在一个自由体系中，每个人都将自由追求他们自己的目的，但他们也将受到一只看不见的手的指引，服务于社会中其他人的利益，其手段正是他们获得自我改善的方法。

第二个洞见是，就一个社会或者经济政策而言，仅仅关注其表面的短期益处是远远不够的。从长远来看，市场定律总会因供求关系的变化或政府对市场的干预而产生一系列必然影响。因此，正如法国经济学家巴斯夏所强调的那样，对于政府政策，我们不应该只关注短期内"能看到什么"，还要尽量察觉我们"看不到什么"，即我们的行动和政策所造成的长期后果。

将间接后果考虑在内是有好处的，原因在于，干预的长期影响不仅不能改善政策原本想要改善的状况，还会让本来只需置之不理就可能变好的社会情况变得更糟。尽管未来的特定细节总是在我们的知识所能充分预料的范围之外，但经济学的诸多用途之一是帮助我们至少能够从性质上预见未来的"轮廓和形状"，当然，前提是我们了解市场定律。

凯恩斯的假定否定了古典自由主义者和古典经济学家的智慧和洞见。他片面强调当下和短期的好处和快乐，几乎完全无视只有在明天才能被充分感知的事物的后果。对此，哈耶克在 1941 年称，凯恩斯的短视是"对经济学家主要职责的背叛，也是对我们文明的严重威胁"。

但是，如果所有的行动和决策都是在变化的背景下做出的，正如凯恩斯所坚称的那样，那么决策应该在什么基础上做出？又该由谁做出呢？这类决策将建立在政策制定者以自我为中心的"思想状态"基础上，完全无视习惯、风俗、道德准则、规则或长期的市场定律。其正确与否并不受任何"成就和后果"的独立标准的约束；相反，它们将受到"不受时间限制的激情的沉思和交流状态（很大程度上与'之前'和'之后'并不关联）"指引。而决策者对自己和对他人的"良善直觉"将成为他的指南针，而且不要让普通人声称他能批判这类行为及其结果。凯恩斯说："在天堂面前，我们是自己的审判者。"

这是虚无主义的精英意识形态。这种精英成员都是自封的，而且他们通过互相赞扬来表明自己的立场，并宣称自己已经摆脱了传统和法律的束缚。对 50 多岁的凯恩斯而言，文明是一个薄而不稳定的外壳，覆盖在动物精神和一般人的非理性之上。无论它有什么价值，它的存在本身是"少数人的意志和个性"的产物，如凯恩斯所说，很自然地要通过"规则和习惯来小心翼翼地维持，并悄悄地得以保全"。

社会形态和变换形式将掌握在那些"选民"手中，他们不再居于被动地位：这就是"社会工程师"的盲目自大，以及这些自我加冕的"哲人王"使用手段和计谋，并在社会及人类居民身上做着实验。这就是为什么凯恩斯会认为给纳粹读者推荐他的《通论》是一件很令人欣喜的事。毕竟，他的社会概念是由"少数人的意志和个性"决定的，这与不受约束的"强人"统治的元首原则是一脉相承的。

凯恩斯革命和对凯恩斯的早期批评

美国经济学家达德利·迪拉德（Dudley Dillard）在他1948年的著作《约翰·梅纳德·凯恩斯的经济学》（*The Economics of John Maynard Keynes*）开篇写道："在约翰·梅纳德·凯恩斯的《就业、利息与货币通论》出版后的十几年里，该书比经济思想史上其他同期著作对专业经济学家和公共政策制定者的影响都要大。"

的确，到20世纪40年代中期，尤其是在英国和美国，凯恩斯的《通论》实际上已经成了经济学专业的《新约》。第二次世界大战后不久，教科书中就开始收入凯恩斯的"教义"，其目的是教育年轻人。为了向公众灌输《通论》的政策建议，简明易懂的凯恩斯思想读本也被大量地出版发行。

这些读本中最简洁易懂的是劳伦斯·R.克莱因（Lawrence R. Klein）（于1980年获得诺贝尔经济学奖）写的《凯恩斯主义革命》（*The Keynesian Revolution*）。该书出版于1947年，标志着当时经济学家和政府政策倡导者之间已达成共识。

这本书的最后一章概述了，如果凯恩斯主义的"洞见"可以完全应用于"社会公益"的话，我们应该指望政府做什么。

在这个受到凯恩斯理念主宰的新世界里，美国人将不得不接受比过去更严格的政府管制。他们应该对此感到害怕吗？不。克莱因安抚他的读者——毕竟"对失业和贫穷的控制要比对经济计划的控制严厉得多"。他确信美国人民对于经济计划的严格控制会"很快表达支持"。

政府经济计划者将不得不"拥有对政府财政政策的完全控制权，只有这样，他们才能在需要刺激就业的时间和地这进行支出，在需要用税收抑制价格上涨的时间和地区征税"。必须将缓慢而烦琐的国会预算程序弃置一边，取而代之的是：

我们必须有一个计划机构来随时兴建对社会有用的公共工程（通过权力自由支配的政府赤字性支出），以填补通货紧缩鸿沟；同样，我们也必须有一个价格控制委员会，它将时刻准备着给执行官员下达指令，以消除任何可能出现的通货膨胀缺口……政府支出应该非常灵活，并能根据情况及时增加或缩减，其数量应该正好可以维持完全就业（不多也不少）。这就是我们需要实现充分就业的道路。

同时，政府必须保证社会成员不会过多储蓄或过少支出，因为过度储蓄将削弱"总需求"，而"完全就业"要依赖总需求。克莱因认为，这要求我们采取一种积极的、经过特意设计的收入再分配政策：

如果我们把富人的收入（他们的边际储蓄倾向相对较高）分

配给穷人（他们的边际储蓄倾向相对较低），我们将弱化这个穷人群体的边际储蓄倾向。这类收入再分配政策可以通过对富人征税和对穷人提供失业救济金或其他类型的捐助来实施。

另外，如果政府能在退休保障方面承担更大的责任，那么人们想要储蓄的动机就会被削弱。克莱因认为：

> 大多数人从小都接受过勤俭节约的教育，花钱大手大脚的人往往被认为是不合格的公民。要改变这些固有的习惯很困难……那些根据个人主义原则行事的人并不知道他们的最大利益在哪里。我们必须教育他们将整个体系视为一个整体（在这个体系中，"社会"需要的行为是消费而不是储蓄）……我们必须诉诸社会保险项目等能够间接消除储蓄需求的方法。

对于一本在如此短的时间内对经济学家和公共政策制定者造成如此广泛影响的书而言，我们有必要回顾一下，在凯恩斯的《通论》问世时，迎接它的是各种各样的批评性的评论。举例来说，阿尔文·汉森（Alvin Hansen）在第二次世界大战后的一段时间里成为美国践行凯恩斯主义经济学的领军人物，但他于1936年发表在《政治经济学期刊》（*Journal of Political Economy*）的一篇书评中指出，凯恩斯的书"并不是奠定了一种'新的经济学'意义上的里程碑式著作……这本书与其说是科学得以建立的基础，不如说是经济发展的一种病症"。

对《通论》持批评意见的人中有很多是芝加哥经济学派的领

军人物。例如，亨利·塞门斯（Henry Simons）在《基督教世纪》（*Christian Century*，1936年）中认为，凯恩斯"给我们带来了一个关于失业、利息和货币的大而空的理论"。他对经济萧条问题的解决办法是"各种奇怪的权宜之计……旨在说明明智的政府政策必须直接处理很多特定的（市场）关系"，而很少考虑政府是否真的有能力处理所有相关问题。他认为，凯恩斯"只可能成功地成为那些最糟糕的怪人和江湖骗子的学术偶像——且不提这本书成为法西斯运动的经济圣经的可能性了"。

雅各布·维纳是芝加哥大学的另一位经济学领军人物，他在《经济学季刊》（*The Quarterly Journal of Economics*）1936年第51卷的一篇书评中表示，他害怕《通论》"展现出的辩证技巧让人无法反驳，以至于它可能会拥有超过其自身该有的说服力"。凯恩斯反对将下调货币工资作为恢复公司利润率的一种方法，这种做法是让市场恢复完全就业和平衡投资与生产的一部分。维纳重点批评了凯恩斯的这种说法，维纳警告说，凯恩斯把政府带来的总需求增长作为一种在货币工资成本固定不变时提高价格以刺激完全就业的方法，当工会开始要求更高的工资以弥补工人由于价格上涨而损失的购买力时，就隐藏了通货膨胀螺旋式上升的危险：

凯恩斯的逻辑表明，用通货膨胀来解决失业问题要比减少货币工资更有优势。在一个按照凯恩斯的设想组织起来的世界中，印钞机和行业协会的商业代理人将一直处于竞争状态，如果印钞机可以一直处于优势地位，就业数量（无论质量如何）就会被重视，失业问题将在很大程度上得到解决。

弗兰克·H. 奈特（Frank H. Knight）也在芝加哥大学，他于1937年在《加拿大经济学和政治学期刊》（Canadian Journal of Economics and Political Science）上发表了一篇关于《通论》的书评。奈特教授称，他觉得这本书"没有任何事实依据"。他之所以这么认为，在一定程度上是因为凯恩斯讽刺了古典经济学家的思想，他们"在有争议的著作中都被当成了攻击的活靶子"。奈特还总结道："我觉得将整本书当成政治经济学的新体系来解读是合理的——建立这个新体系是为了支持凯恩斯先生为解决萧条和失业问题而提出的通货膨胀理论。"

哈佛大学的熊彼特也在1936年12月的《美国统计协会期刊》（Journal of the American Statistical Association）上发表了一篇关于《通论》的书评。他批评凯恩斯依赖其断言的"心理学倾向"，比如"消费倾向"，解释经济萧条的原因。与其说这是一个理解人类决策的有用的逻辑工具，还不如说"这样一种'倾向'不过是机械降神（deus ex machina）。如果我们不能理解机制（在这种机制中，消费者的支出要么增加，要么减少）的变化情况，那么它就毫无价值。而如果我们理解的话，它就成了累赘"。

对于凯恩斯开出的"治疗"失业的方法——通货膨胀，熊彼特建议：

让那些接收到（凯恩斯书中）信息的人用以下这些字重新书写法国旧制度的历史吧：路易十五是一个最开明的君主。他认为有必要刺激支出，于是他得到了像蓬巴杜夫人和杜巴里夫人这样的专业花钱高手的支持。两位夫人用无可匹敌的高效率去工作。

其产生的结果本应该是完全就业和产量峰值以及一般福祉才对,但我们实际上看到的是痛苦、耻辱和流淌的鲜血。

因此,熊彼特建议:"对这本书(《通论》)说得越少越好。"

第五章

芝加哥学派的货币探索

在20世纪30年代早期,芝加哥大学的经济学家(通常被视为自由市场秩序最直言不讳的捍卫者),提议并强烈支持将赤字性支出和纸币通货膨胀作为解决大萧条中的失业和闲置生产力的首要政策措施。他们知道大萧条之所以持续这么长时间并如此严重的原因在于,资源和劳动力成本分别被人为地维持在市场出清的价格和工资水平之上。但他们没有呼吁清除这些阻碍美国市场竞争功能发挥的因素,而是呼吁采取短期通货膨胀这一应急手段和政府赤字性支出。

芝加哥学派经济学家和大萧条

1964年，凯恩斯主义经济学家罗伯特·莱卡赫曼（Robert Lekachman）编辑了一本名为《凯恩斯的〈通论〉：30年报告》（*Keynes' General Theory: Reports of Three Decades*）的文集。其中一篇文章的作者是芝加哥大学经济学家雅各布·维纳（Jacob Viner）。他将对凯恩斯和凯恩斯主义经济学的新看法放入1936年发表的对凯恩斯《通论》的书评中。

维纳仍然认为，正如他30年前所指出的那样，凯恩斯没能给出任何"关于通货膨胀是恶劣还是危险的警告"。但他也说："自1936年以来，我对关于《通论》的分析文章的质量和独创性的兴趣有增无减。"

维纳解释说，他接受的是"正统"经济学家的训练，所以他总是盯着经济理论中的长期问题。但到了1930年和1931年，他已经不再满足于把正统经济学理论作为理解商业周期本质和根源的框架了。维纳说：

一两年的大萧条就足以说服我。尽管我接受的是"正统"理论家的训练，拥有"正统"理论家的气质……但我相信（经济）危机越严重，相对而言那些短期的影响力量的重要性就越大……抛开细节……如果《通论》的影响力（只）与就业的短期或周期波动相关，我可以接受其在货币和财政领域的政策影响。

维纳声称，凯恩斯的药方要求政府在萧条时多支出而少收税，在经济繁荣时少支出而多收税，以此来调控整个经济体系中的就业、产出和价格波动，这是凯恩斯在20世纪30年代早期所倡导的，他引用了自己在1931年8月的演讲中的话：

在危险的商业急剧扩张时期，重税收、轻支出、积极赎回债务都是稳健的财政原则；在严重萧条时期，轻税收、重支出、鼓励借贷都是同样稳健的财政原则……真正稳健的财政原则……应该根据商业条件而定，并且应该合理处理，以利于缓解商业波动。

维纳还指出："这个方案可能是凯恩斯的发现，但……在当时所处的学术环境中，这个观点很一般，而我想不起我的芝加哥大学同事中谁会反对，或者说谁会需要向凯恩斯或我学习这个方案。"

20世纪30年代，各个大学主要受自由市场思想影响的经济学家是否倡导美国政府的"激进"的货币和财政政策呢？实际上，他们中的很多人确实如此。这种现象在两本书中得到了详细的记录，分别是J. 罗尼·戴维斯（J. Ronnie Davis）于1971年出版的《新经济学和旧经济学家》（*New Economics and the Old Economists*）

和威廉·J. 巴伯（William J. Barber）于1985年出版的《从新时代到新政：赫伯特·胡佛、经济学家和美国经济政策，1921—1933》（*From New Era to New Deal: Herbert Hoover, the Economists, and American Economic Policy*, 1921-1933）。

1967年，米尔顿·弗里德曼观察到，在"大萧条的原因、货币政策的重要性和财政政策的必要性"等问题上，很多芝加哥学派经济学家的观点与凯恩斯在20世纪30年代早期的观点非常相似。他提到亨利·塞门斯的一个观点：亨利是当时芝加哥学派的杰出人物，他在1933年11月呼吁联邦政府通过赤字"增加支出或者减少税收"，以便用此政策刺激美国经济需求和就业，从而"有效提高价格"。弗里德曼指出，这样的主张曾经"充斥在20世纪30年代早期和中期的芝加哥大学中"，而且基本上解释了，为什么对于芝加哥学派经济学家而言，凯恩斯在《通论》中的主张并没有出人意料。

举例来说，1932年，美国最广受尊重的以市场为导向的芝加哥学派经济学家弗兰克·H. 奈特对罗伯特·F. 瓦格纳（Robert F. Wagner）参议员提出的用联邦预算赤字来资助公共工程项目的提议表示了支持。奈特认为："政府应该尽可能多支出而少收税，针对当下的情况，通过财政支出来做最有利的事，也能缓解萧条。"在他1937年发表的一篇对凯恩斯《通论》的书评的结尾处，他说，对于"凯恩斯先生视通货膨胀为萧条和失业的解药的观点……我也深感认同"。

同样在1932年，12位芝加哥大学的经济学家，包括艾伦·迪雷克托（Aaron Director）、哈利·D. 基地昂斯（Harry D.

Gideonse)、奈特、罗伊德·敏特（Lloyd Mints）、亨利·塞门斯和雅各布·维纳等一起发表了一份备忘录，倡导通过预算赤字走出大萧条。这份备忘录还认为，联邦政府不应再平衡其年度预算，而是应该平衡其在整个商业周期各阶段的预算。他们认识到，人们可以通过适当调整市场价格和劳动力工资以反映其背后各个经济部门的真实供需情况，进而应对大萧条。鉴于"成本紧缩和固定费用的减少，企业会发现增加就业机会是有利可图的"。

但他们坚持认为，遵循市场方案将会涉及"巨额损失、产能浪费和极端的苦难"，因为劳动力工资和其他价格已经下行、僵化，而且对显著的市场变化不再敏感，反而出现延长的迟滞现象。相反，经济上行应该通过"增加联邦支出，而不必诉诸对商品或交易征税来融资"的方式予以刺激。

这些芝加哥学派经济学家确信，预算赤字将自行解决。因为，随着经济在政府赤字性支出的刺激下得到改善，价格和生产的通货再膨胀会增加私营部门的收入，而更高的税收将使政府预算回到平衡状态，甚至产生盈余。

联邦政府应该如何为反萧条预算赤字提供资金呢？芝加哥学派经济学家提出，美国财政部应该向各联邦储备银行发行新的债券。对此，财政部将得到新的美联储钞票和额外的银行储蓄。在此基础上，政府将增加其在美国经济中的支出。因此，流通中的货币和银行储蓄货币的总量将增加。

如果继续保持金本位，那么钞票和对应黄金供给的银行储蓄所有权的增加将会使本国的黄金消耗殆尽，这也会促使人们将黄金藏在家中。货币和银行储蓄货币的增加意味着什么呢？芝加哥学派经济学家回应:"一旦政府开始采取刻意的通货再膨胀政策,就必须执行到底,不管这个政策对黄金的地位意味着什么。"换句话说,如果用来提高国内需求和价格的纸币发行政策威胁到了金本位的地位,那么这些经济学家支持政府放弃金本位(至少是暂时的)并承受这样做的代价。

此外,与害怕联邦赤字性支出可能过高相比,他们更担心政府支出不够高。他们认为,一种危险是"财政通货膨胀的措施可能太少或实行时间太短暂……我们应该准备好在必要的时候采取'更大剂量'的刺激来维持这些刺激措施,直到实现比较稳定的复苏……"他们坚持认为"由中央政府采取的勇敢的财政政策"是十分关键的。

1933年,芝加哥大学出版社出版的一本简短的著作《平衡预算》(*Balancing the Budget*),得到了包括雅各布·维纳和亨利·塞门斯等许多芝加哥学派经济学家的认可。这本书的主张是,政府应该在未来几年实现预算平衡,在经济下滑时保持赤字,而在经济繁荣时保持盈余:

平衡预算应该被视为一系列长期操作,在这个过程中,在经济困难时期将出现赤字和债务增加,而财政部盈余和公共债务的快速消除将列入繁荣年份的计划中……一系列年度预算放到一起的结果是长期预算达到平衡状态,且与经济周期的各个阶段相对应。收入和支出之间的均衡就通过这样的操作得以实现。

因此,在20世纪30年代早期,芝加哥大学的经济学家(通常被视为自由市场秩序最直言不讳的捍卫者），提议并强烈支持将赤字性支出和纸币通货膨胀作为解决大萧条中的失业和闲置生产力的首要政策措施。他们知道大萧条之所以持续这么长时间并如此严重的原因在于，资源和劳动力成本分别被人为地维持在市场出清的价格和工资水平之上。但他们没有呼吁清除这些阻碍美国市场竞争功能发挥的因素，而是呼吁采取短期通货膨胀这一应急手段和政府赤字性支出。

换句话说，很多芝加哥学派经济学家在凯恩斯通过《通论》将凯恩斯主义的政策立场的逻辑形诸笔端之前就已经持有这样的观点了。那么，在20世纪三四十年代，芝加哥学派经济学家和凯恩斯以及凯恩斯主义者有什么区别呢？当凯恩斯认为大萧条产生和持续的原因在于经济中私营部门对商品和服务的"总需求"持续不稳定时，芝加哥学派经济学家则认为大萧条产生的原因在于20世纪30年代早期美联储对货币体系的管理不当。

但他们呼吁的不是更少的政府干预和对货币体系的控制，恰恰相反，他们希望美国政府对货币和银行采取更多管制和更紧的政策。换句话说，他们的主张是在美国实行更大范围的货币中央计划。

亨利·塞门斯和货币改革的"芝加哥计划"

亨利·塞门斯是20世纪三四十年代芝加哥大学的学术之光。芝加哥学派经济学的知名成员——米尔顿·弗里德曼和乔治·斯蒂格勒（George Stigler），强调了塞门斯对他们那个时期芝加哥大学整整一代研究生在个人和学术上的影响。

塞门斯那段时期的作品的一个突出特点是对集体主义、新重商主义和特殊利益政治掠夺进行公开、直接的谴责。他坚持认为，美国乃至整个世界要在集体主义计划和竞争性自由企业之间做选择。它们如果选择集体主义道路，就会走向专制和腐败。在他1934年的著作《自由放任的积极纲领：对自由主义经济学的某些建议》（*A Positive Program for Laissez Faire: Some Proposals for a Liberal Economic Policy*）中，塞门斯认为：

在我们国家，自由的真正敌人是那些天真地鼓吹管理经济或国民计划的人……当国家间的自由贸易消失的时候，国际范围内将出现强化的帝国主义和更加激烈的、不可调和的利益冲突。在一国中，自由贸易的消失会带来各个有组织的经济集团之间无休止的且极具破坏性的冲突——在没有国际战争的情况下,这足以造成西方文明及其制度的毁灭。因此,利益集团日益导致垄断和重商主义的卷土重来("计划"),这将会带来更加精细的经济组织(国内外更大范围的劳动分工)以及政治自由的终结。

尽管塞门斯对那个时代的集体主义趋势的批评十分有力,但矛盾的是,他对于自由放任的"积极纲领"的设想是激进的干预主义和再分配。他倡导公共事业公司和其他"非竞争性"垄断公司的国有化;他呼吁拆分大的集团,并对其权利和规模加以法律限制;为了实现更大程度的收入平等,他提出用所得税作为财富再分配的主动的工具;而且,他认为,在减少贫穷的影响和提高人口的文化水平等社会福利项目方面,各级政府都应该扮演重要角色。

他还认为,美国货币和银行体系需要一次彻底的修正。他在四篇文章中提出了这个改革主张:一篇是在1933年广为流传但从未正式发表的报告,一篇收录于1934年出版的著作《自由放任的积极纲领:对自由主义经济学的某些建议》,还有两篇发表于1936年,题目分别是《自由竞争的前提》("The Requisites of Free Competition")和《货币政策中的规则与权威》("Rules versus Authorities in Monetary Policy")。除了1933年的报告,其他文章都收录在1948年出版的《自由社会的经济政策》(*Economic Policy for a Free Society*)一书中。这一主张得到了塞门斯在芝加哥大学时的同事和朋友劳埃德·明兹(Lloyd Mints)的支持,他在1950年出版的《竞争社会的货币政策》(*Monetary Policy for a*

Competitive Society）一书中多次强调了塞门斯的观点并予以捍卫。

塞门斯所做的基本假设是，一个正常运转的市场经济需要固定和明确的"游戏规则"（法治、私有产权和开放竞争）。在这个背景之下，私营部门中的个人才能更有效地为改善人类境遇而从事生产工作和交易活动。他认为，重复出现的生产、就业和一般价格水平的剧烈波动是因为货币体系没有在明确的规则下运转。

商业周期的根源在于货币秩序的两个不稳定要素。第一，中央银行的管理者被赋予自由裁量权去增加或减少货币供给。受到不断变化的观点的影响，他们会向经济体系中注入或从经济体系中抽离一定数量的货币，以满足同样多变的经济政策目标。这对于私营部门的投资决策而言，意味着更高的不确定性。

第二，美国金融体系建立在部分准备金制度的基础之上。当一家银行从其顾客手中得到存款的时候，这些存款代表着储户对其账户中全部货币的所有权，不管什么时候，该储户想要从他的账户中提取现金或者签发支票，银行都应按需支付。但各家银行却被要求只需持有一部分美元——并非对其储户负债的所有美元，作为实际现金储备。除最低储备外，其余部分借给借款人，作为银行赚取利息收入的基础。

例如，如果史密斯在他的银行账户中存入100美元，该银行可能只持有10美元（银行持有对该储户负债的美元价值的10%）作为史密斯可能想提取现金额度的实际现金储备。这家银行会向借款人，比如琼斯，提供剩下的90美元以满足他的某些目的，比如投资。现在，这家银行将有总价值为190美元的展期负债，要随时按需支付给原始存款人（史密斯）和借款人（琼斯）。如果琼斯为了投资项目要从银行取出 90 美元，同时原始存款人（史密斯）想从他的账户中取出超过 10 美元（要么以现金形式，要么以支票形式），很明显，银行将面临资不抵债的困境。

也就是说，银行已经在 100 美元储蓄的基础上创造出了总共 190 美元的购买力。如果史密斯要取出这 100 美元，银行将不得不——如果它信守按需支付的承诺的话——提前要求借款人全额偿还贷款（假设琼斯可以立刻全款偿还）。以储蓄和贷款的形式，银行创造的购买力将减少 190 美元以确保能够兑现它所做出的按需支付 100 美元的承诺。因此，在准备金制度下，银行创造的购买力的巨大波动是人们实际存入的或者从商业银行中取出的美元的数倍。要在货币体系中消除（至少削弱）这两个不稳定的根源，塞门斯认为应该建立"货币规则"，并且要求政府中那些负责货币政策的人遵守该规则。他提出了若干方案，但他最终提出的最具可操作性的方案是用某种价格指数来稳定一般价格水平。

他倡导用 100% 准备金制度来取代部分准备金制度，要求银行手头持有与人们在该银行存入的全部美元价值相当的现金作为储备，即其对储户的展期负债。塞门斯认为，储蓄银行（deposit banking）将成为一种仓库，人们存在那里的资金总数不仅可以完全用于按需支付，而且可以在任何时间实现 100% 兑换。作为储蓄仓库，各银行将从储户那里得到一笔费用，作为它们的服务费。

在塞门斯的计划中，银行贷款不再可能建立在按需支付储蓄的基础上。相反，他提议，法律可以允许其他银行从事借贷业务，但只能通过出售公司股份的形式，并且只能在它们筹集到的现金基础上为潜在的借款人提供贷款。

在这样一个体系中，什么是货币？而这个计划又将怎样实施呢？塞门斯呼吁永久放弃金本位制，取而代之的应该是由联邦政府发行的全国统一纸币体系。只有政府有权增加或减少货币数量，该权力应归属于金融管理局（Monetary Authority）和美国财政部。这两个部门将被赋予实施这个计划的行政权力，并操纵流通中的货币数量，以维持稳定的价格水平。

金融管理局将引入 100% 准备金银行制度，通过购买政府债券和由商业银行持有的其他证券，并要求它们以收到的纸币作为支付方式，来使这些商业银行的储备水平达到其对储户的展期负债的 100%。（塞门斯指出，这是通过印钱就能清偿联邦债务的方法。）

一旦这个新体制建立起来，金融管理局就需要动用其权力维持稳定的价格水平。在一个增长的经济体中，当生产率提高，产量增加时，一般价格水平会缓慢下滑。要应对这种趋势，金融管理局将不得不以一定的年增长率持续增加货币供给。

金融管理局在一开始买光政府证券，用足够多的新发行的国家纸币填充银行体系，使各家银行得到 100% 的储备基础，从而消除绝大多数的展期联邦债务。因此，财政部将不得不计划实施预算赤字，以保证金融管理局在选择增加流通中的货币数量的时候，能有足够多的政府证券可买。塞门斯声称，财政部必须拥有足够大的自由裁量权来通过法令修改联邦支出和税率，从而确保金融管理局有必要的预算支出，以便完成其稳定货币水平的"规则"。

20 世纪三四十年代，芝加哥学派提出了凯恩斯经济学的替代方案：一个由政府建立的由金融管理局与美国财政部共同管理的国家纸币体系。在这一体系中,财政部将拥有自由裁量权和出台法令的权力,可以根据需要调节联邦预算赤字,以便实现稳定价格水平的规则,并操纵流通中的货币数量。

除了目标不同——稳定价格水平,而不是完全就业,芝加哥学派的计划赋予政府的货币和财政权力与凯恩斯主义者的提议并没有什么不同。

货币将完全国有化,而与基于市场的商品,如黄金,完全没有联系。货币中央计划委员会,即金融管理局将完全控制市场中货币的发行量和可用量。通过美国财政部,政府的行政部门将摆脱宪法的限制,即将征税和财政支出的立法权交到国会手中。联邦负债和所有未来的赤字将通过印钞机完全从账面上消失。银行业将处于更严格的管制之下,这些管制明确规定了银行能够进行的金融中介活动的方法和形式。

这就是芝加哥学派"新经济学"的版本。

米尔顿·弗里德曼的经济稳定框架

第二次世界大战后的一段时期，在美国，就维护自由市场而言，没有人能与米尔顿·弗里德曼相提并论。在其 1962 年出版的著作《资本主义与自由》(*Capitalism and Freedom*) 一书中，他强有力地挑战了政府对经济生活实行更多控制的趋势。弗里德曼雄辩地指出，经济自由对于保护个人和政治自由至关重要，他建议用市场导向的方法解决各类社会问题，而不是靠"大政府"。弗里德曼在他的电视系列节目和 1980 年出版的《自由选择》(*Free to Choose*) 一书中向全世界的观众和读者表达了这个主题。

同样重要的是，米尔顿·弗里德曼一直以学术严谨的理性声音反对当时占据主流的凯恩斯主张。他向人们说明，人们最为看中的凯恩斯的很多假设其实是建立在错误的经济学理论和对史实的错误理解上的。毫不夸张地说，弗里德曼是将战后宏观经济学理论从凯恩斯在 20 世纪 30 年代赋予它的方向上扭转过来的主要推动者。

在这方面，弗里德曼是芝加哥学派的真正传人和捍卫者。20世纪 30 年代，弗里德曼从他在芝加哥大学的老师们那里学到了市场秩序及其与管制经济和计划经济相比所具有的优越性,但他也延续了他们在货币和银行改革上的主张。他在 1960 年的著作《货币稳定大纲》(*A Program for Monetary Stability*)中包含了对亨利·塞门斯主张的辩护——塞门斯主张在由政府管理的法币制度下银行应该采取 100% 准备金制度。或许塞门斯对米尔顿·弗里德曼最大的影响在于,政府应该遵循明示的长期政策"规则",不应为了追求短期政策目标而滥用可自由裁量的货币和财政权力。

在 1951 年发表的一篇文章《完全就业政策对经济稳定的影响》(*The Effects of a Full-Employment Policy on Economic Stability*)中,弗里德曼说,短期的、激进的凯恩斯主义政策更容易造成整个经济的不稳定性。他指出,在一般经济活动水平"不受欢迎"的变化和政府应对政策之间,存在不可避免的"时间滞后"。

凯恩斯主义的假设是,相对于完全就业的目标水平,宏观经济就业和产出上的任何偏离,都应该立刻通过税收和政府支出的增减进行调整,以使经济回到合理的完全就业水平。政府税收和政府支出的持续调整既可以避免通货膨胀,又可以避免萧条。

弗里德曼指出,三种滞后有可能阻碍这类凯恩斯主义政策的顺利实施。第一,统计数据的收集滞后于宏观经济的实际变化,而政策制定者需要根据这些统计数据发现要纠正的问题。第二,对财政或货币政策的调整滞后于问题的发现。第三,政策对经济起作用并影响就业和产出的一般水平滞后于政策的实施。

弗里德曼认为,从这些数据被人们收集、分析,并依此采取行动,到政策改变并完全发挥其效力之间,经济并非静止不动。在这段时间里,经济会遵循其"自然的"发展路径。结果是,等到政策真正发挥作用的时候，这个特定政策可能已经没有实施的必要了。更糟糕的情况是，新政策不仅可能因为太晚而无济于事，更可能会造成需要处理的新问题。

举例来说，假设决策者得到的统计数据显示宏观经济正走向衰退，决策者可能会得出这样的结论：他们需要增加政府的赤字性支出来刺激"总需求"。但等到政府额外的赤字性支出开始发挥作用的时候，经济可能已经开始上行，并自然地从衰退趋势中恢复过来了。那么，新的政府支出将增加并影响正常的由市场引发的复苏，这可能会导致过度推高总需求，并引发通货膨胀。但决策者可能并不知道他的"反萧条"政策正在造成通货膨胀，等知道时已经太晚了——这当然也是由那些滞后因素造成的。决策者不可避免的信息盲区以及整个政策变动对经济发挥完全作用前不可避免的延迟现象，意味着可自由裁量的政府政策总是存在这样的风险：要么做得太晚，要么会带来更糟糕的新情况。因此，政府还不如让市场自由发挥作用。

这是否意味着弗里德曼认为政府不应该干涉市场经济呢？不，并不尽然。三年前，即1948年，弗里德曼发表了一篇题为《经济稳定的货币和财政框架》("A Monetary and Fiscal Framework for Economic Stability")的文章。首先，货币框架应该像塞门斯所倡导的那样，由政府管理的法币体制下的100%准备金银行制度。其次，政府支出的水平应该建立在长期政治共识的基础上，即投资公众愿意通过税收来支付的政府项目和服务。再次，政府应该采取以个人所得税为主的累进制所得税。最后，政府不应该实行年度平衡预算。相反，政府预算赤字和盈余应该作为主要的政策工具来维持国民收入的目标水平。

假设经济即将下行，消费者对商品和服务的总需求将下降，就业率将下降，由此导致社会总收入减少，那么国民收入的下滑将造成政府税收的减少。政府不应该调整其支出以保持较低的税收收入水平来维持预算平衡；相反，政府应该保持同等水平的支出，就像在完全就业状态下经济持续运行全部由税收保持的支出水平那样。预算赤字将"自动"造成政府要么直接发行生息证券，要么增发货币。在商品和服务上的政府赤字性支出，或以失业保险为形式的政府赤字性支出，将在一定程度上使经济的总需求维持在市场未实现充分就业时的水平。

相反，如果经济"过热"，国民收入超过完全就业水平，通货膨胀就会发挥作用。而且，政府将保持其自身的目标支出水平，由于收入的增长，预算盈余"自动地"随着税收超过政府支出而出现。更高的税收使得从市场中被抽走的额外的美元远离流通，并倾向于减缓甚至终止通货膨胀。政府预算盈余将防止总需求超过与完全就业水平一致的国民收入水平。

弗里德曼倡导累进制所得税是因为他想把它作为一个宏观经济政策工具。在经济下行时，随着收入减少，个人会掉进更低的税收等级中，这意味着不管个人有多少收入，他们都会得到更高比例的税后收入。在通货膨胀环境中，收入将上升，造成人们获得更小比例的税后所得，因为这些人都被推到了更高的税收等级中去。因此，累进所得税将作为政府利用不同国民收入水平操纵私营部门支出数额的一个工具。

在弗里德曼的计划中，政府将不再拥有自由改变税收和支出以维持完全就业目标水平的权力。相反，这时的"规则"是：如果经济在完全就业状态下运行，维持政府支出的理想水平则完全由税收负担。如果经济开始衰退或者过热并进入通货膨胀，那么政府预算赤字或盈余将"自动"出现。

鉴于凯恩斯主义在 20 世纪 40 年代晚期和 50 年代早期的压倒性地位，我们很容易理解弗里德曼的主张背后的逻辑其实是为了说明两件事：首先，凯恩斯主义者鼓吹的"需求管理"的自由裁量政策实际上适得其反，原因就在于政府决定改变一个政策和政策完全发挥作用的滞后性。其次，凯恩斯主义的目标，即维持完全就业水平的总需求水平，可以通过简单地维持一个理想的完全就业水平的政府支出水平与允许政府预算赤字和盈余"自动"对经济中总支出进行必要矫正来实现。

无论如何，弗里德曼的主张有助于巩固整个凯恩斯框架的基础假设。

首先，也是最重要的，市场经济不能"自行其是"，因为市场经济存在违反完全就业的可能性，而完全就业需要政府对财政和货币进行修正。

其次，税收并不是什么不幸的"必要的恶"。应该将税收保持在最低限度，以便维持其"不可或缺的功能"，如保护生命、自由和财产等，这些都是（不管我们是否同意）更早的古典自由主义者的看法，他们总是怀疑政府侵占人民的私人收入和财富。相反，累进制所得税是政府需求管理政策的宏观经济工具。

最后，政府对货币供给的垄断控制是可取的，这是政府操纵市场中私营部门活动的必要条件，无论其目标是稳定价格水平、保证完全就业,还是维持一定的国民收入水平。

不管这是不是他的本意,弗里德曼提出的"经济稳定的货币和财政框架"为凯恩斯所倡导的政府对市场经济的干预提供了合理化的辩护。如果我们接受了凯恩斯主义的"辩论条件"(terms of the debate),那么存在的唯一争议就成为政府应该如何试着对市场经济进行需求管理,而不是政府应不应该或需不需要这样做。

米尔顿·弗里德曼和货币需求

1951年,经济学家霍华德·S.埃利斯(Howard S. Ellis)欣喜地指出:

> 货币现在正处在被重新发现的过程中……在20世纪30年代晚期和战争年间,某些理论经济学家(凯恩斯主义者)热衷于用无可救药的天真的数量理论来抹黑与货币和信贷供应有关的特殊问题。这一经济学理论倾向在政府的政策中得到了体现,而且有所强化。财政政策在30年代的(大)萧条期间抢占了先机,而在第二次世界大战期间实现了直接控制……不管是货币理论还是货币实践都被人遗忘。

凯恩斯和凯恩斯主义者认为,整个经济产出和就业的不稳定是由于私营部门投资者不稳定的"动物精神"造成的,而这些投资者会因投资支出波动产生难以预测的乐观主义或悲观主义。然而,当投资者的借贷需求降低且利率下降时,储蓄者并没有减少储蓄和增加消费——尽管作为他们财富中一部分的利息收入已经减少了。

相反,他们增加了对闲置现金余额的持有量,因为收入的支出是不受相对价格和利率影响的,而是受凯恩斯所称的消费倾向的"心理规律"影响。然而,私营部门投资减少的结果是经济中总货币支出下降。而由于"货币幻觉"的存在,工人不愿意减少他们的货币工资,于是就业率减少,经济会呈现潜在的高失业率状态。

在凯恩斯主义框架中,货币是积极的政策工具箱中第二重要的手段。在凯恩斯主义者看来,增加货币供给来刺激经济是无济于事的。任何这类增加只能最大限度地被吸收到未支出的货币储蓄中,让经济中的总支出保持不变。相反,政府需要运行预算赤字,而且要么借用私营部门闲置的现金储蓄并将其投入流通,要么直接在各种公共工程项目上增加货币支出,来刺激就业和私营部门投资。

霍华德·S. 埃利斯的引语说明,有人曾经批评过凯恩斯货币需求理论。第二次世界大战之后的十年间,对凯恩斯理论最彻底的批评来自米尔顿·弗里德曼。1956 年,弗里德曼编辑了一本论文集《货币数量理论研究》(*Studies in the Quantity Theory of Money*),他撰写了介绍性的引言,题目是《重申货币数量理论》("The Quantity Theory of Money-A Restatement")。

弗里德曼认为,凯恩斯的货币需求观点太狭隘:假设一个人有 100 美元的收入,按照凯恩斯的"消费心理倾向",这个人在此收入水平下会花掉 50 美元。这样的话,这个人还剩 50 美元可以在投资(购买债券)和闲置现金两种方式间进行配置。假设利率是6%，这个人将用他收入中的25美元购买债券。这样做的话，他还剩下25美元的现金余额，占其收入的25%。

如果利率下降到5%，因"动物精神"而变得更悲观的人的投资需求减少了，按凯恩斯主义者的说法，这个人将减少他在债券上的投资，比如说减少10美元，因为这种形式的投资回报已经减少了，但他并不会用这10美元购买债券以替代储蓄。相反，这个人会将这10美元转移到他的现金余额中。结果是，他的收入中作为闲置现金的比例已经上升到35%（即他100美元收入中的35美元）。在凯恩斯的这种观点下，货币需求被视为"不稳定"的。也就是说，人们把一定比例收入作为持有现金余额的意愿会在很大程度上发生波动。

经济中的总支出将不会是75美元（50美元用于消费支出，25美元用于向人们发行债券），而是65美元（起初同样是用50美元获取收入者的消费支出，而"动物精神"已经让商人更加悲观了，所以只有15美元用于发行债券来辅助投资支出），而未支出的现金余额已经从25美元变成了35美元。

弗里德曼认为，持有货币既有成本也有收益，就像个人持有可用于投资的其他资产一样。以现金余额的形式持有一定数目的财富的好处是，它为个人提供了比市场中的商品更容易获得的购买力。持有任何给定数量的货币作为现金余额的实际价值是建立在货币的一般购买力基础上的，或者说是建立在货币的交易价值基础上的，其表现为市场中商品的平均价格水平。

但持有一定数量的货币作为现金余额的好处也可能受到商品的一般价格水平预期变化的影响。如果人们预期价格会在一年内上涨一定的百分比，那么持有现金余额的好处就会减少，因为随着时间的推移，每一单位货币的真实购买力会随着价格的上涨而降低。反之，如果人们预期价格会在一年的时间里下跌一定百分比，那么持有现金余额的好处将增加，因为随着时间的推移，每一单位货币的真实购买力将随着价格下降而提高。在预期价格上涨的情况下，对货币的需求将会减少，而对市场中真实商品以及其他预期可能增加的资产的需求将会增加。在预期价格收缩的情况下，对货币的需求会增加，而对市场中真实商品以及其他预期可能减少的资产的需求将会减少。

正如弗里德曼所指出的那样，相对于持有货币，个人可以投资和持有财富的方式有以下几种：（1）真实消费品——能够通过使用或消费给个人提供有价值的服务；（2）债券——把钱借给企业而产生利息回报；（3）企业的股权或者所有权份额——通过在市场中销售产品或服务所产生的净收入的预期回报；（4）人力资本——为一个人的未来劳动服务的市场价值的技能（通过教育或者职业培训来获得）而进行投资。

个人总是将他的财富分配在这些相互竞争的用途中，直到他找到最合适的组合，使组合中的每一个用途的预期回报趋于相等。也就是说，投资在持有债券上的最后一美元的预期回报，与投资在购买一家公司股权上的最后一美元的预期回报是一样的，与投资在改善一个人的劳动技能上的最后一美元的预期回报是一样的，与花在商品和服务上的最后一美元的预期回报是一样的，与选择持有现金余额以辅助未来的购买机会上的最后一美元的预期回报是一样的。这些持有财富的方式中的任何一个方式的预期回报的改变都将改变这些方式的组合，无论这些组合看上去多么有吸引力。

如果个人可以做的选择不仅仅是在债券和现金这两项间保持平衡，那么货币需求将比凯恩斯所认为的要更"稳定"。让我们回想一下前面提到的例子，由于投资者对借贷的需求下降而造成利率从6%下跌到5%。但现在我们假设个人有各种不同的投资方式可以选择，正如弗里德曼所认为的那样，他们可以将之前投资在债券中的储蓄转移到各种地方。这个人现在不再把10美元投资到债券里，而是投资到其他地方，比如说，用2.5美元购买更多消费品，用2.5美元购买某公司的股权，用2.5美元投资到通过额外的教育或者职业培训来改善其未来的劳动技能，将另外的2.5美元转移到现金余额中。

那么，100美元现金持有额的比例将从25%上升到27.5%，他对货币需求数量的预期将比凯恩斯主义者给出的例子中显示的要小得多。这个变化意味着，经济中总的货币支出减少的幅度比凯恩斯主义者预想的要小得多，因而，要使经济中的总供给与对商品和服务的总需求相平衡所需的一般价格和工资水平的降幅也要小得多。在凯恩斯主义的例子中，总支出从75美元降到65美元，代表的是经济中的总需求减少了13.3%。在弗里德曼的例子中，总支出从75美元降到72.5美元只代表着经济中的总需求减少了3.3%。

因此，弗里德曼的结论是，如果货币需求比凯恩斯主义者所设想的要稳定得多，那么整个经济中产出和就业的显著短期波动，以及通货膨胀和通货紧缩，就只能来自货币供给的变化。这也让弗里德曼进一步论证道：

关键在于，无论何时何地，通货膨胀都是一种货币现象。从历史上看，价格的大幅变动总是伴随着货币相对于产出的数量的显著变化。对于这个一般性的结论，不管是在美国还是在其他地方，我都没见到过例外。在货币数量相对于产出的数量没有显著增加时价格显著上涨，或者在价格没有显著上涨的时候货币数量相对于产出发生了显著增加，这都是闻所未闻的。

米尔顿·弗里德曼和经济稳定的货币"规则"

1967年,米尔顿·弗里德曼在华盛顿特区的美国经济协会(American Economic Association)(作为该协会主席),以《货币政策的角色》("The Role of Monetary Policy")为题做了演讲。他认为,人们对"经济政策的主要目标达成了广泛共识:高就业率、稳定价格和快速增长"。他说,让经济学家产生分歧的是实现这些理想目标的最佳方法。

弗里德曼强调,他认为积极的货币政策不能一蹴而就。首先,货币政策不能永久降低利率,以达到供给和需求的市场力量所倾向于达到的水平。的确,不断增加的货币供给能暂时增加银行体系中可用于借贷的资金,并带来利率的下降。

但从长期来看,货币供给的增加将造成价格的普遍上涨。更高的价格将带来因投资或其他目的而进行的借款需求的增加,因为借款人会需要更多的资金来进行同样的活动。与此同时,贷款人不太愿意以更低的利率放贷,因为价格上涨要求他们持有更大比例的货币收入作为现金余额,以实现在更高的价格条件下的各种目的。这两个因素倾向于推动利率恢复到之前由市场决定的水平。

此外，如果货币扩张要持续很长一段时间，而个人预期未来会有持续的普遍价格上涨，贷款人将会在他们愿意出借资金的利率上增加"通货膨胀溢价"（inflation premium），原因在于在贷款期内价格上涨会导致购买力下降。

举例来说，假设在价格上涨率为零的情况下，将市场利率设定为5%，再假设通货膨胀造成普遍的价格上涨，平均每年增长3%；如果贷款人了解到这些，或者有这样的预期，他们将会要求8%的利率——其中5%是他们借出资金的"真正"回报，而3%作为对贷款期结束时购买商品所需的更高价格的补偿。的确，这类通货膨胀预期会让利率远远高出货币扩张开始时的水平。

其次，弗里德曼认为，货币政策不能永久地将失业率推到低于市场决定的"自然失业率"水平。在任何一段时间内，出于各种原因，总会有一定数量的人失业。例如，整个经济中供给和需求的正常变化总会在各个经济部门中造成一定数量劳动力的转移和变动，因而总有一些人会失业。

此外，各类制度的僵化导致了一定数量的失业：最低工资法、工会限制、各类职业的就业机会有限、对各类生产成本的控制和导致人们选择不去工作的福利计划等。尽管制度改革可以减少失业——因为制度改革能够减少或者废止那些阻碍市场竞争的措施，但激进的货币政策却无法做到。

然而，货币当局却试图通过增加货币供给（或者提高货币扩张率）来降低失业率。的确，货币扩张会使经济中商品和服务的需求普遍增长，但这会给制成品价格造成上行压力。如果资源价格和劳动力成本没有立即上涨以反映那些制成品价格的上涨（更高的价格），那么利润空间就会变大，并激励雇主扩大生产，增加销售。

随着时间的推移，资源价格和劳动力工资也将上涨：雇主都会试图扩大各自的生产，对资源和劳动力的需求会进一步增加，而雇主彼此间竞价使资源价格和劳动力工资上涨。与此同时，商品和服务的价格普遍上涨将会减少资源所有者和工人赚得的货币收入的实际价值。他们现在要求得到更高的价格和货币工资以补偿因价格上涨而造成的购买力损失。

随着时间的推移，这两个因素造成利润空间的消失，而这个利润空间正是让雇主们扩大产出和增加工人数量的最初激励因素。弗里德曼坚持认为，从长期来看，任何货币扩张都不能将失业率降到"自然失业率"之下，其带来的任何"积极的"就业方面的影响都只是暂时的。

那么，货币政策能做什么呢？

关于货币政策能做的事，历史给我们上的第一课，也是最重要的一课是，货币政策可以避免货币自身成为扰动经济的根源。货币政策能做的第二件事是为经济提供一个稳定的环境。当生产者和消费者，雇主和雇员能完全确定平均价格水平将在未来以已知的方式运转的时候——而且最好高度稳定——我们的经济体系才能运转得最好。货币政策能做的第三件事是有助于抵消由其他原因造成的经济体系的扰动。

对于第三件事，弗里德曼的意思是，积极的货币政策可以抵消由非货币因素引起的通胀或衰退，比如政府预算赤字或从战时经济转至和平经济。

弗里德曼在他的演讲中总结说，中央货币当局应该提供一个类似于货币供给"平稳增长率"的公共政策。

我本人认为，平均而言，这样的增长率应该能够实现最终产品价格水平的基本稳定。对此，我的估计是货币加上所有商业银行储蓄需要3%～5%的年均增长率。通过使货币数量保持平稳而适度的增长，（货币当局）将对避免通货膨胀或通货紧缩做出重大贡献。这是我们在现有知识水平下，能指望货币政策做到的最好情况了。

但为什么要设立一个中央货币当局呢？为什么不把货币留给市场，就像确立完全基于市场或由市场决定的金本位那样？为什么不让供需关系来决定什么可以作为货币，以及多少货币才最有利于满足人的各种目的呢？

弗里德曼对纯粹法币或纸币最为清楚的阐述出现在他于1960年出版的《货币稳定大纲》一书中。他的答案是，商品货币（比如黄金）的开采和生产，消耗了大量可以满足其他用途的资源，而这对社会而言是不必要的代价。

商品本位制的维护需要使用真正的资源去生产额外数量的商品货币——需要通过人力和其他资源从土地里开采黄金、白银或铜，或者生产其他能够成为本位制的商品……为此目的……在一个增长的经济体中，使用……资源构成了人们寻找更便宜的交易媒介的社会动机。

弗里德曼认为，纸币显然是更便宜的替代品。在他看来，问题是不能让私营市场全权负责法币或纸币。首先，存在欺诈问题——发行纸币的私营银行有可能伪造纸币或无法履行其合约义务。其次，纸币的私营发行者可能会制造大量纸币，导致严重的通货膨胀，而当通货膨胀最终结束时，会造成整个银行系统的崩溃。最后，私营银行发行的纸币存在潜在的不稳定性，无法为总体经济稳定提供必要的制度框架。弗里德曼总结道：

对私营市场经济的有效运行而言，一个稳定的货币框架看似是一个不可或缺的前提。但这个市场自身能否提供这样一个框架是存疑的。因此，提供这样一个框架应是一种政府职能，与提供一个稳定的法律框架同等重要。

像他的老师塞门斯一样，弗里德曼倡导100%准备金银行制度体系。货币当局应该在一段时间内逐渐提高银行的最低储备标准，货币当局为满足更高的储备要求而增加纸币的供应，直到能够完全满足储备要求。

弗里德曼认为，货币当局将遵循这样的规则，即货币存量应该每年以固定的增长率增加以满足经济周期的需求：

联邦储备体系本身可以采纳这一规则。国会也可以要求美联储遵循这一规则……被确定的增长率应该使其平均值与最终产品价格长期大致稳定的水平一致。根据（历史）经验判断，3%～5%的增长率与大致稳定的价格水平一致。

但实际上，这是一个能够为普遍经济稳定提供必要框架的货币体系吗？我们能信任一个货币当局去遵循这样的"规则"并拒绝操纵货币供给的自由裁量式的诱惑吗？纸币本位真的比货币本位（如金本位）成本更低吗？对此，即使是米尔顿·弗里德曼，在晚年时也开始动摇了。

米尔顿·弗里德曼对纸币成本的再思考

1985年7月，米尔顿·弗里德曼在西方经济学协会（Western Economic Association）会议上做了一篇题为《经济学家和经济政策》（"Economists and Economic Policy"）的主题演讲，演讲稿发表在1986年1月的《经济探究》（*Economic Inquiry*）上。他声称，他多年来倡导建立一种货币"规则"，在这种规则下，货币当局将无视经济状况的变化，而是每年以固定的增长率增加货币供给。然而，这都是在浪费时间——原因在于我们没有理由认为遵循这种规则的政府货币体系始终对管理者有利：

我做的与公共政策相关的大部分工作，就仿佛在对着一群无私地致力于公共利益的政府官员讲话。我试图说服美联储，让它知道它做错事了，而且它应该采取不同的政策。这样的时光被白白浪费了，因为"政府代表公共利益"的说法本身是有缺陷的……我们并不认为商人会为公共利益无私奉献。我们认为从事商业活动的商人是为了改善自己的福利，为了实现自己的利益……那么为什么我们会认为政府官员有所不同呢？他们的目标也是实现他们自己的利益。政府行为和商业活动一样，我们必须试着建立起各种制度，在这些制度下，让那些只打算实现个人利益的个人受到"看不见的手"的控制，从而让他们服务于公共利益。

美联储将大量权力放在了少数人的手中，为了实现他们自己的利益，他们追求我认为对公众十分有害而不是有帮助的政策……很明显，遵循（货币规则的）假设政策不符合美联储的自身利益。因此，我劝他们这样做实在是在浪费时间。

但如果我们不相信包括货币当局在内的政府官员能够服务于那些我们所说的"公共利益"，而是服务于各种进一步满足他们个人或者意识形态利益的政治议程，那么什么样的货币秩序能够确保这种情况不会发生，或者能尽量减小这种情况发生的可能性呢？

如我们所见，米尔顿·弗里德曼曾倡导一种法定货币标准，其指导原则是每年以固定增长率扩大货币供给，因为他认为这种货币标准比金本位的成本更低，更不容易受到通胀的影响，也更有可能为总体经济的稳定提供所需的货币框架。

但到了 20 世纪 80 年代中期，弗里德曼对我们是否能够信任政府，以及他们能否甘愿受到必要的限制来建立这个具备优越性的纸币体系产生了疑问。他开始频繁引用欧文·费雪在 1911 年出版的《货币的购买力》一书中的一句话："对于使用纸币的国家来说，不兑现纸币几乎总是一个祸根。"①

---

① 原文为：Irredeemable paper money has almost invariably proved a curse to the country employing it.——译者注

1986年6月,弗里德曼在《政治经济学期刊》(Journal of Political Economy)上发表了一篇简短的文章——《不可兑换纸币的资源成本》("The Resource Cost of Irredeemable Paper Money"),文中写道:

在先前的讨论中,我和其他货币经济学家理所当然地认为,生产不可兑换纸币的真实资源成本是可以忽略不计的,它只与纸张和印刷的成本有关。然而,在习以为常的不兑现纸币本位制下的经验已经清楚地表明,尽管就发行法币的政府的直接成本而言,这样的假设可能是对的,但对于整个社会而言,它是错误的。

弗里德曼认为,对整个社会而言,纸币本位制的成本恰恰来自政府货币自由裁量权导致的未来货币政策的不确定性,以及在政府控制纸币的情况下持续存在的通胀偏向。在通胀时期,人们总是把本可以用于生产活动的真实资源用来积累黄金和白银,以对冲价格上涨的风险。这让个人为了在货币贬值之前找到能够赚取利益收入的投资战略而承担了更多的成本。

这也为商品和货币期货市场的发展创造了激励机制,在货币不稳定时期,它将有效保护个人免受更大的货币和外汇汇率波动的不确定性的影响,但如果不是政府对纸币管理不当,这种情况可能根本不会出现。

弗里德曼总结道:"20世纪七八十年代,私人储备因积累黄金和白银而产生的直接资源成本可能与有效金本位制下的货币成本相当,甚至更高。"虽然这类商品和外汇期货市场通过使经济主体能够对冲不确定性并做出长期承诺来发挥有益作用……如果新的（纸币）货币制度没有大幅增加利率和通胀的不确定性，它们就不会出现。

同样是在1986年，弗里德曼与安娜·施瓦茨合写了一篇文章，并发表在《货币经济学期刊》（*Journal of Monetary Economics*）上。文章提出了这样一个问题："政府在货币问题上扮演什么角色？"他们得出的结论是，原则上政府并不需要在货币问题上扮演什么角色，而且从历史上看，有时的确如此。他们认为：

> 有一个与一种（终极）交易媒介相联系的唯一记账单位对经济而言明显有很大价值，但这并不意味着政府必须在其中扮演什么角色，也不意味着需要交易媒介的单一生产者。而且，在由某社群决定使用某一记账单位和私营生产者开始生产交易媒介之后，历史上的各国政府确实承担起了某种角色……历史上，货币生产者通过承诺可将生产的货币兑换为某些占据主导地位的货币，一般是金属货币（如黄金和白银），来建立起人们对他们所制造的货币的信心。有很多在相当长时间里持续且成功存在的可兑换为金属货币的、由私营货币生产者制造的货币的例子。然而，我们并不知道任何私人制造的纯粹不可兑现的信用货币的例子。

弗里德曼与安娜·施瓦茨声称："我们自己的结论……是将货币和银行留给市场，其结果将比政府介入更为理想。"然而，他们并不认为应该回到金本位制。在弗里德曼关于不兑现纸币的文章中，他非常清楚地说明了这一点：

> 我强调一下，本文并不是呼吁回归金本位……我认为回归金本位既不合理又不可行——仅有的例外是，如果在现行体制下发生超级通胀这一"末日预言"应验的话，那么回归金本位才可能是对的。

为什么一个基于市场的金本位在现有条件下既不合理又不可行呢？1976 年 4 月，弗里德曼在南非约翰内斯堡所做的一次名为"黄金失去其货币角色了吗？"("Has Gold Lost Its Monetary Role?")的讲座中解释了他的逻辑。简而言之，各国政府不愿意再受金本位的约束了，它们希望能够出于对宏观经济的操纵目的而对货币实行控制。然而，弗里德曼说：

> 如果你能重新创造一个世界，在那里，政府预算仅占国民收入的 10%，自由占据主导地位，政府不能干涉经济活动，而且完全就业政策也被丢进了垃圾桶。那么在这样的世界里，你或许可以重新实行真正的金本位。纯粹的金本位是不可行的，原因在于，这个世界上没有一个政府愿意交出它对本国货币的控制权。

但是，人们如果要重新确立一个"纯粹的、真正的"基于市场的金本位制，需要采用什么方法呢？米尔顿·弗里德曼在 1961 年发表的《真正的和假的金本位》("Real and Pseudo Gold Standards")论文中提出了他自己的建议。这篇论文被收录在他的论文集《美元和赤字》(*Dollars and Deficits*, 1968) 中。他说:"重复一遍,如果愿意的话,个人应该自由地将货币作为黄金使用,而商品和服务的价格应该用黄金单位来表示。"弗里德曼解释道:

在真正的金本位制度下,个人或政府可能会设置提供存储设施的业务,而人们可能会发现,在交易中,仓库收据比黄金本身更方便。如果个人发现仓库开出的黄金收据比真正的黄金更有用,私营企业当然也可以提供存储黄金的服务。为什么存储黄金和发行仓库证书必须属于国有化的行业呢?最后,个人或政府可能会做出按需支付或在一定期限内支付黄金的承诺,这个承诺并不是仓库收据,但却因为人们相信这些承诺可以兑换而被广为接受。只要债务人没有追溯性地解除其履行承诺的义务,这类支付承诺就仍未改变金本位的基本特征。即便这类承诺没有按时兑现,这一观点仍然正确,就像美元债券违约并不会改变货币本位制一样。但是,那些债务违约或者人们预期会违约的支付承诺当然不能以其面值去出售,就像违约的债券要以一定的折扣来交易一样⋯⋯这样的体制可能——我觉得肯定会——带来严重的社会问题,并可能促使政府禁止或控制按需支付黄金的承诺。但这一真正意义上的金本位,并不是我在这里要讨论的重点。

而且,弗里德曼也强调了他对这个以黄金为基础的货币体制的政治哲学观点:"真正的金本位与(古典)自由主义原则是完全一致的,而且我个人完全赞同促进其发展的各种措施。"

芝加哥学派和奥地利学派对货币、通胀和大萧条的看法

在第二次世界大战后,自由市场思想的两大领军学派分别是以米塞斯和哈耶克为代表的奥地利学派和以弗里德曼和斯蒂格勒为代表的芝加哥学派。两个学派都用严谨而清晰的方式分析和评判了计划经济、凯恩斯主义和干预主义政策的错误和危险。尽管它们的分析方法有很大的不同,但两个学派都得出了相似的结论:只有自由市场经济才可以同时确保自由和繁荣。

正如我们所见,奥地利学派和芝加哥学派都拒绝了凯恩斯的主张,即认为市场经济从根本上是不稳定的,而且有可能造成更长时间的失业和资源闲置。两个学派也都认为通胀和萧条是货币管理不当和政府干预的结果,因为它们降低了市场应对变化时的灵活性。而且两个学派都对自由裁量的货币和财政政策持怀疑态度——尤其是凯恩斯主义的货币和财政政策,并认为它们只会造成更严重的不稳定,而不会消除不稳定。

但奥地利学派经济学家和芝加哥学派经济学家在货币理论、历史和政策等诸多领域的一系列关键问题上有很多分歧。这些问题的核心是两个学派对20世纪30年代大萧条的原因和解决方法

的不同诠释。两个学派对那个时期的不同诠释来自它们对货币如何影响市场经济的不同构想。它们之间的分歧来自它们对经济过程研究方法的不同看法。

在以弗里德曼为代表的芝加哥学派中,大多数传统的货币理论家都认可凯恩斯宏观经济分析或总量分析的思想。例如,1974年,弗里德曼为了回应别人对他的一些批判,出版了著作《米尔顿·弗里德曼的货币框架:与批评者商榷》(*Milton Friedman's Monetary Framework: A Debate with His Critics*)。在这本书中,弗里德曼说:

重读《通论》……让我重新看到凯恩斯是一个多么伟大的经济学家,也让我意识到比起他的很多追随者,我是多么认同他的方法和目标……我认为凯恩斯的理论是一种正确的理论,它简洁、集中地讨论了一些关键议题,而且影响深远。我之所以拒绝他,并不是因为上述原因,而是因为我认为它与事实相矛盾:该理论的预测并没有得到经验的证实。

在弗里德曼看来,凯恩斯理论的不完整性在于其对人们在决定以某种方式持有或花费货币时所做的选择进行了狭隘的定义。弗里德曼认为,当个人的选择范围更大时,他们对货币的需求似乎比凯恩斯想的要更为稳定。

尽管弗里德曼声称,他的理论框架是根据个人选择持有不同数量的货币及其将钱花在各种商品和服务上的愿望来构建的,但他很快转向用统计总量和平均值来总结构成真实市场过程中各种活动和结果的真正的个人选择和决策。像凯恩斯一样，弗里德曼也关注这些宏观经济总量的情况：与货币总供给相关的货币总需求，货币总供给增加对总支出的影响，货币总供给对短期的总产出和长期的一般价格水平所产生的影响等。

奥地利学派经济学家则有不同的看法。他们认为，我们不应忘记现实中并不存在总产出和一般价格或工资水平的统计平均数。它们是由经济统计学家创造出来的——这些经济统计学家以各种方式对市场上购买和出售的大量商品和服务的价格、工资和产出进行求和或算术平均。或者像哈耶克所说：

实际上，总数和平均数并不能互相起作用，而且要想在个别现象、个别价格之间建立某种必要的因果关系是不可能的……如果我们试图在货币总量、一般价格水平，或许还有产出总量之间建立这种直接联系的话，我们就是在做一件不可能的事，因为这样的数据从来不会对个人决策产生任何影响。

弗里德曼认为，就货币供给的增长率对经济中的产出和就业的影响而言，货币数量变化对产出和价格的一般总量的影响效果是短暂的、有限的。从长期来看，随着工资和价格适应经济中变化了的货币数量，唯一持久的影响是一般价格和工资水平的提高，而就业和生产的总量并没有永久性地改变。

弗里德曼认为，在货币通胀时期，任何对相对价格、资源配置或收入分配的影响都是短暂的，而且不那么重要。这只是"第一轮"效应，从长期来看，它们的影响微不足道。或者正如弗里德曼回应人们对他的批评时所说的那样："(货币的)量化理论认为第一轮效应毫无意义。"

弗里德曼用以下方式分析货币供给的变化，从而得到了这个结论：想象有一架直升机向下面的人群撒钱，人们捡起这些钱，并把它们花掉，直到价格上涨到足够高的水平，使得货币需求与增加了的货币供给达到平衡。

换句话说，奥地利学派认为，尽管从长期来看，货币供给的增加的确会在其他条件不变的情况下造成一般价格的上涨，但有必要分析这个过程，看看货币供给的变化是如何渗透到经济体中，究竟以什么方式影响了个体需求和供给以及单个商品的价格和单个生产计划。或者如经济学家奥斯卡·摩根斯特恩（Oskar Morgenstern）所说的：

> 如果不能说明这些额外的货币来自哪里，注入哪里，规模有多大，以及它们如何渗透到经济体中（通过哪些路径和渠道，以及以何种速度），那么我们相当于没有得到任何信息。如果同样数量的额外货币是通过消费者贷款，或者通过生产者借款，或者通过国防部，或者通过失业补贴等注入经济体中的，将会产生不同的后果。根据现有的经济状况，对于相同的货币总量，每一点注入都会产生不同的后果，所以货币分析必须与对商品和服务变化的分析结合起来。

奥地利学派认为，这个对不可避免的货币的非中性影响的更加详细的分析对于全面理解通货膨胀在市场经济中的全面影响至关重要。

鉴于奥地利学派和芝加哥学派对如何更好地分析市场经济中的货币和通胀过程所持的不同观点，他们对大萧条的原因和解决方法也持有不同的看法便不足为奇了。例如，弗里德曼在研究了20世纪20年代的经济状况后得出的结论是，因为那十年间的一般批发价格水平十分稳定，所以当时的美联储政策根本不是通胀性的。弗里德曼认为，如果一定要批评美联储政策的话，应该是美国中央银行在20世纪30年代早期，当货币供给收缩了约三分之一后，没有采取更多措施去增加货币供给来让美国经济摆脱萧条。

研究了20世纪20年代稳定价格水平的情况后，奥地利学派认为，如果不是那十年里发生的货币供给扩张，价格本可以缓慢下跌以反映由于技术创新和资本形成所带来的生产率和产出的显著提高。相反，美联储的货币扩张让价格高于正常值，而这一稳定的价格水平造成了经济稳定的假象，并误导了资本投资，造成劳动力和资源错配。1929年之后，由美联储政策造成的不平衡终于显现出来。

大萧条开始时，解决方法本应该是下调不当投资的资本，降低工资和价格以反映经济活动的低迷以及由银行坏账和储户想从他们的账户中提取现金所造成的货币供给减少。相反，先是胡佛政府，再是罗斯福新政，它们千方百计地阻止必要的和健康的市场调整，这才是造成大萧条之严峻与漫长的真正原因。

然而，奥地利学派和芝加哥学派最终得出了同一个基本结论：在过去的一百年中，与货币和银行体系不受政府控制的情况相比，货币中央计划带来了更多的不稳定性。

第六章

金本位、货币的非国家化与 100% 黄金美元

人与人的关系应该基于为了彼此获益而进行的自愿交换。就像在一个国家的自由市场中，人与人之间并不存在固有的敌意，生活在不同国家的人之间也不存在固有的敌意。通过将分工原则扩大到全球范围，可以扩大贸易的共同收益。如果人们要从这些可能性中获益，贸易的国际化就必须得依靠一种稳定、稳健且值得信赖的货币秩序。人们普遍认为，黄金历来是最能够发挥这一作用的商品。因此，在19世纪奉行古典自由主义的国家所承担的有限职责中，地位最显著的就是维持金本位。

19世纪的金本位

纸币的历史记录了对纸币的滥用、管理不善和金融灾难。一般而言，19世纪的古典经济学家认识到了这些，并显示了纸币的危险性。在法国，人们吸取了法国大革命的教训，当时被称为"指券"(assignats)①的纸币泛滥导致了经济灾难。在英国，人们从英国政府资助与拿破仑的战争中得到了这个教训。

英格兰银行是一家私营企业，它因1694年英国政府对低息贷款的需要而产生。三年之后，该银行被授予广泛的垄断权，包括在英格兰进行银行业务和纸币发行活动，其垄断权在1742年由议会的一个法案得以强化。

18世纪90年代，英国与法国的战争打响后，英国政府发现其军队开支大幅上涨。政府当时拥有我们今天所称的"信用额度"，这使其能够用英格兰银行的钞票来支付各类花销，而这些钞票是能够按需赎回黄金的。到了1797年，该银行面对来自国内外兑付黄金的沉重压力，其黄金储备到达了危险的低位。英国政府

---

① assignats，指券，法国大革命期间发行的一种政府债券。——译者注

通过了《银行限制法案》(*Bank Restriction Act*)，该法案解除了英格兰银行用黄金赎回银行债券及其他金融债权的义务。

当《银行限制法案》通过时，流通中的英格兰银行钞票面值为 970 万英镑，对应 110 万英镑黄金储备。当战争于 1814 年接近尾声时，银行钞票展期的票面价值为 2 840 万英镑，对应 220 万英镑黄金储备。1797—1814 年，英国商品价格总体上翻了一番，而英国纸币英镑的价值在（德国）汉堡外汇市场上贬值了约 30%。

1809 年，大卫·李嘉图作为英国古典经济学的领军人物之一，出版了专著《金条的高价》(*The High Price of Bullion*)。他认为，英镑的贬值是因为《银行限制法案》解除了英格兰银行按需兑换黄金的要求，使得其钞票大量增加。李嘉图认为，由于英国政府大量借款和英格兰银行向政府提供大量不可兑换的纸币，英国政府和英格兰银行的紧密联系已经使英格兰银行失去了它曾拥有的制造货币的独立性。英格兰银行已经变成了英国政府的财政分支。只有一个办法能让英国回到货币稳定的状态中，那就是按需赎回黄金。李嘉图写道：

> 据说……英格兰银行是独立于英国政府的……但我们或许会质疑，当这家银行借给政府的钱比其资本和储蓄多出数百万英镑时，还能说它是独立于该政府的吗？……正是由于银行和政府间过于密切的联系，限制（法案）才显得十分必要；也正是出于这个原因，我们需要继续实施这个法案。为了防止该体系继续存在下去可能产生的恶果，我们必须密切关注该限制法案的废除。公众所能拥有的应对银行自由裁量权的唯一合法方式就是强制银行

用金属货币（即黄金和白银）来兑付他们的票据。

1810 年，英国下议院任命了一个专门处理黄金高价问题的委员会。[①] 它的报告得出了与李嘉图同样的结论，认为应该尽快恢复黄金赎回制度。1814—1821 年，流通中的英格兰银行钞票几乎减少了三分之一，而黄金储备则增加了 10 倍。最终，在 1823 年，英格兰银行被要求开始用纸币兑换黄金。除了 19 世纪晚些时候一些非常短暂的恐慌时期外，英格兰银行发行的纸币和银行储蓄账户直到 1914 年都可以兑换黄金，之后，英国在第一次世界大战期间暂停了黄金支付。

整个 19 世纪，一个稳健的经济学家或决策者的标志是他能够认识到阻止政府因为政治或经济目的而直接或者间接操纵货币体系的必要性。穆勒在 1848 年出版的《政治经济学原理》(*Principles of Political Economy*) 一书中表达了一个被广为接受的观点：

如果不对纸币发行人的权力加以制衡，那么纸币发行者将无限扩张自己的权力，在降低纸币的价值的同时也相应地抬高了价格。换句话说，他们可能会毫无节制地让货币贬值。这种权力，不管掌握在谁手中，都是一种不可忍受的恶……如果一个人能够相信在小纸片上印几个字就可以解决问题……那么，要付清国民债务，在不增加征税的情况下动用政府开支，让整个社会获得财

[①] 专责委员会（Select Committee）是英国政府的一部分，国会的专责委员会可以由下议院任命，像外交事务专责委员会。——译者注

富是一个美好的愿景。因此，支持可兑换的货币的理由占了上风，甚至优于监管最好的不可兑换的货币。在金融行业出现某些紧急情况时，过度发行债券的诱惑是如此强烈，以至于任何有可能削弱限制债券发行的措施，无论其程度有多轻微，都会被采纳。

到19世纪90年代，几乎所有主要的西方工业国家都已经将其货币体系置于金本位之上。采用金本位意味着什么？T. G. 格里高利（T. G. Gregory）在他于1935年出版的著作《金本位及其未来》（*The Gold Standard and Its Future*）中做了简要解释：

如果银行存款可以兑换成英格兰银行的纸币，而英格兰银行的纸币也可以有效地以固定的汇率兑换成黄金，那么英国人在英国的购买力就与黄金直接联系起来，英国实行的就是金本位制。

如果有足够多的国家按照某种固定兑换率将它们的货币与黄金联系起来，那么就会出现国际金本位制。这些国家中任一国家中的人都可以到任一已经建立并得到授权的银行，用一定数量的银行纸币换取含规定数量黄金的金币或金条。他可以将这笔黄金转移到任何其他实行金本位制的国家，并随时可以以固定的汇率将黄金转换为其所在国家的本土货币。正如罗斯巴德在《为什么我们的钱变薄了》（*What Has Government Done to Our Money?*）一书中所说的，那意味着：

全世界都实行金本位制，意味着每一种国家货币（美元、英镑、法郎等）只是一定重量的黄金的名称而已。例如，"美元"被定义为1盎司黄金的1/20，而英镑则稍少于1盎司黄金的1/4……这也意味着各种国家货币之间的兑换率是固定的，并不是因为它们都是由政府任意控制的，而是因为在所有这些国家中，1磅的重量都是16盎司。

为什么在19世纪的大多数时期，各国政府基本上都认可并遵循金本位的规则呢？因为金本位被认为是当时的主流政治哲学，即古典自由主义的一个组成要素。正如德国自由市场经济学家威廉·勒普克（Wilhelm Roepke）在《国际秩序和经济一体化》（*International Order and Economic Integration*）一书中所阐述的那样：

> 19世纪的国际"开放社会"是在最广泛意义上对"自由主义精神"的创造，它由自由主义原则引导，认为经济事务应该不受政治动向的影响，并将政府领域和经济领域彻底分开……经济过程因而从官场、公法和刑法中分离出来，简而言之，就是从国家范畴中分离出来，进入市场范畴，即私法、财产的范畴，也就是社会范畴。

勒普克说：

> 当时，这种（自由主义）原则也解决了一个非常重要的问题……一个国际货币体系的问题……它采取的方式就是金本位制……这是一种建立在国际体系的结构性共同点基础上的货币体

系，它让货币不再依赖各国政府的政治决定，而是依赖客观经济规律，一旦将一国货币与黄金联系起来，这种客观经济规律就很适用……但这也是一种有道德意义的现象……比如说，认真遵循施加于各参与国之上的金本位制的责任，也构成了（国际）自由主义秩序成文和不成文标准体系的一部分。

主宰19世纪的理念是自由。人们认为，国民财富来自尊重私有财产的社会秩序中的个人自由，人与人的关系应该基于为了彼此获益而进行的自愿交换。就像在一个国家的自由市场中，人与人之间并不存在固有的敌意，生活在不同国家的人之间也不存在固有的敌意。通过将分工原则扩大到全球范围，可以扩大贸易的共同收益。如果人们要从这些可能性中获益，贸易的国际化就必须得依靠一种稳定且值得信赖的货币秩序。人们普遍认为，黄金历来是最能够发挥这一作用的商品。因此，在19世纪奉行古典自由主义的国家所承担的有限职责中，地位最显著的就是维持金本位。

自由社会中这种金本位的理念只有一个基本问题或矛盾，即它把对货币价值和供给的控制权交到了政府手中。在一个相信自由市场和私营企业优越性的时代，金本位实践的是货币中央计划理论。毕竟，这种金本位是一种政府管理的货币体系。

作为政府管理货币的金本位

德国自由市场经济学家古斯塔夫·斯托尔珀（Gustav Stolper）在他1942年出版的著作《寓言年代》（*This Age of Fable*）中指出：

自由资本主义的倡导者从没意识到他们的理想在国家掌控了货币体系时遭遇了怎样的挫败……一个政府掌握货币和信用的"自由"资本主义已经丧失了纯洁性。从这一刻开始，这就已经不是原则问题了，而是一个权宜之计，它表明我们希望或允许政府的干预达到什么程度。货币控制是政府管控中仅次于政府征收的最极端的、实施范围最广的政策。

即使在古典自由主义如日中天的19世纪，几乎所有自由市场和自由贸易的倡导者都认为货币应该是私营企业原则的一个例外。威廉·勒普克对19世纪的国际货币秩序大加赞赏，但这种货币秩序是一种计划心态。在每个主要的西方国家"继续"实行金本位的决定则是一个国家政策问题。

每个国家都建立了一个由黄金支持的管理和控制货币的中央

银行结构，它们要么让一家私营银行垄断黄金储备和发行纸币，要么建立一个国家机构对货币体系进行管理。美国是最后一个建立中央银行的主要西方国家，它最终于 1913 年设立了中央银行。

甚至连金本位也是一种政府管理的货币体系，这一观点在经济学家迈克尔·A. 霍尔珀林（Michael A. Heilperin）于 1968 年出版的著作《货币病理学诸方面》（Aspects of the Pathology of Money）中得到了简要解释：

在任何选定黄金为货币本位的地方，该国货币单位中的黄金含量都是由法律定义的，而该国的中央银行则被授权维持黄金平价。实现这一目标的手段有二：一是与黄金货币的可兑换性；二是中央银行以固定价格不限量地购买黄金。换句话说，在金本位下，以国家货币衡量的黄金价格是稳定的，而中央银行的功能则类似于某种"黄金池"（gold pool）。由于银行必须按需销售黄金，因此银行不得不保持特定数量的黄金存量，而黄金与纸币发行之间的关系也是由法律规定的。当银行失去黄金的时候，它必须限制纸币的发行……这是通过提高利率和限制贸易券折扣实现的……央行得到黄金的时候则会采取相反的行为……以什么程度以及在什么时候，合理的央行政策才能得以施行，这在很大程度上是一个判断的问题。的确，央行的自由裁量权范围是有限的，而且掌管货币体系的原则也是明确而简单的，但这个体系与其说是自动的，不如说是被管理的，这也是事实。

梅尔基奥尔·帕尔伊（Melchior Palyi）在他于 1972 年出版的

《黄金的黄昏，1914—1936》(*The Twilight of Gold*, 1914-1936) 一书中强调了第一次世界大战前政府管理的金本位事宜：

> 在英格兰银行[①]的领导下，19世纪60年代晚期和19世纪70年代早期出现了一种新的方式……中央银行的做法已经演化成了自由裁量权——"控制"国际收支的短期波动和国内信用情况的短期波动。例如，管理层的自由裁量权对于决定何时以及如何在出现恐慌时进行干预至关重要，比如准许以高利率发放自由信贷，以防止原本健康的资产被强制清算。然而，自由裁量政策的基本目标是尽力避免恐慌和危险的黄金枯竭，以及在这些情况发生的时候积极应对……当选定积极的政策时，它就具备强制性，就必须劝服金融界，尤其是各商业银行，调整它们的贷款实践，以便与央行协调。中央银行家必须学习相关专业知识，不仅包括这一行的半机械化的规则，还要掌握对这些规则加以调整的技巧，以适应紧迫的控制目标。

19世纪，那些制定并实施各种政府经济政策的人比现在更加谦虚。他们一般认同亚当·斯密的观点，即"政治家应该试着指导民众使用他们的资本，政治家不应该只是为了获得不必要的关注，而应承担起人们可以安全托付的责任。这也意味着它是一种权威，这种权威不仅仅是针对某一个人，也不仅仅是针对什么议会或者参议院，如果这种权威掌握在一个愚蠢而自大到认为自己

[①] 即英国央行。——译者注

适合去实践它的人手中，那便是再危险不过的一件事了"。

古典自由主义者质疑政府，认为其会滥用印钞机。他们认为，只有所有银行发行的纸币和其他债券能够让人们按需兑换黄金的货币体系才是一种防止货币滥用和贬值的有效制衡机制。或者，正如英国古典经济学家纳索·威廉·西尼尔（Nassau William Senior）总结的那样："发行不可兑换的纸质（货币）的权力若被授予，迟早会被滥用。"

但中央银行无论如何还是得到了权力和责任，它们可以决定如何管理黄金储备，决定纸币和其他银行储蓄所有权展期的数量，维持货币体系的稳健，应对本国货币的外汇利率、国际收支和本国经济中可用的金融信贷数量的短期波动，等等。正如霍尔珀林和帕尔伊所指出的那样，中央银行的政策"工具"包括操纵短期利率，购买和出售私营部门贸易券和证券，等等。中央银行家需要"学习其专业"，尤其是有关何时提高或下调利率，收紧或者放松可用信用，以及如何"劝服"私营金融机构来"协调"其信用发行，这当然是在"中央银行家所享有的自由裁量权范围"之内。

尽管在19世纪古典自由主义者的眼中，这些货币政策的目标被认为是适度且有限的，但货币体系的确是国家政策之一。在一个相对不那么受限制的自由市场资本主义时代，货币和货币体系是一个"国有化的产业"。而且正因如此，即便是经济自由的倡导者也大多认为要实行货币中央计划。他们没能呼吁和捍卫自由市场中最重要的商品——交易媒介的私有化。

结果是，当经济集体主义、国家主义和干预主义在20世纪早期变得越来越流行和强势的时候，货币领域已经是中央计划经济理想取得胜利的一个领域。一百年以来，人们想当然地认为国家应该直接或间接地垄断市场上的货币供应。或者像薇拉·史密斯（Vera Smith）在其于1936年出版的《中央银行的逻辑》(The Rationale of Central Banking) 一书中解释的那样："我们注意到，就其他产业而言，自由放任的理论和政策正如日中天，而人们却视银行业为另一个门类。即使是最教条的自由主义贸易者……也不愿把他们的原则应用到银行业中。人们普遍主张，应该以某种特别的方式管制银行业。"

在第一次世界大战之后的几十年里，货币中央计划的目标改变了，但实施这些目标的工具没有变化——中央银行对货币供给进行管理。正如我们所看到的，耶鲁大学经济学家欧文·费雪倡导稳定价格水平。费雪在1928年出版的《货币幻觉》一书中声称：

稳定货币单位的购买力一直都是经济学家的梦想……而自从流通信贷数量可控并受到美联储控制，我们已经有了一个不受我们管理的货币体系。如果我们确保以科学管理替代错失目标的管理，我们就可以实现价格稳定。

凯恩斯在1923年出版的《货币改革论》(Tract on Monetary Reform) 一书中指出："战争制造了一次伟大的变革。黄金本身已经成为一种'受到管理'的货币……从英格兰银行行长开始，现在所有人都在关心如何保持商业、价格和就业稳定。"在凯恩斯看来，如他在20世纪30年代所宣扬的那样，货币中央计划的目标是让货币政策支持和协助政府进行"总量需求管理"以操纵整个经济中的就业和产出水平。

芝加哥学派经济学家在20世纪30年代已经主张建立由政府直接控制的法定纸币体系，他们认为政府有责任为了稳定价格水平而操纵货币的数量。后来，作为芝加哥学派的领袖，米尔顿·弗里德曼也一直倡导建立一个目标类似的受管制的纸币体系。

在1942年的《寓言时代》（Age of Fables）一书中，古斯塔夫·斯托尔珀指出：

> 当下只有一位杰出的（古典）自由主义理论家始终主张银行在货币创造方面进行自由的、不受控制的竞争。米塞斯对现代新自由主义的学术影响非常大，他从没有在这个极端结论上改变过立场。

然而，在过去的几十年里，已经出现了批评货币中央计划的新一代的自由市场主义者，他们支持市场货币和私营银行。受米塞斯和哈耶克的启发，一个倡导货币自由市场的新学派出现了。

米塞斯论黄金和自由市场体系

在20世纪的大多数时期,金本位的主要倡导者之一是奥地利经济学家米塞斯。为什么是黄金?米塞斯解释过很多次,但或许在1965年发表的《黄金问题》("The Gold Problem")这篇文章中,他的解释是最简明扼要的:

为什么要建立以黄金为基础的货币体系?因为正如当下以及我们能够预见的未来的情况那样,金本位本身就决定了货币购买力不受政府、独裁者、政党和压力集团的野心和阴谋诡计的影响。金本位本身是19世纪热爱自由的领导者(他们倡导代议制政府、公民自由和所有人的繁荣)所称的"稳健货币"。实际上,金本位的卓越之处包括它让货币供给依赖采掘黄金的能力,并因而对政府的通胀手段加以制衡。

但是,与此同时,米塞斯也意识到这样一个事实,那就是,即使金本位是由政治权威建立起来并加以控制的,它本身仍是一个管理货币的体系。因此,在1928年出版的《货币稳定和周期性政策》一书中，他强调：

我们当然不应该忘记，在纯粹金本位下，政府措施仍有可能对黄金价值的形成产生显著影响。首先，政府行动决定了是否采取、放弃或回归金本位。每一个政治行动……只要它影响到市场对作为货币的黄金的需求量，这种政治行动就代表着对金本位的"操纵"，并影响所有坚持金本位的国家……

从这个意义上说，在今天的经济条件下，所有的货币本位都可能被"操纵"。

因而，在米塞斯看来，把货币体系建立在黄金基础上的重要性在于，它限制了政府操纵货币数量和价值的自由裁量权的范围。经济中货币供应与黄金生产的盈利能力是由市场力量决定的，这一基本规则在很大程度上消除了货币体系的政治化。如果能够确定银行纸币和银行中存储的黄金之间的兑现比例，支票和其他银行储蓄形式的固定储备要求，自己国家与其他国家黄金进出口的自由权的规则，并且假设对国家货币体系负责的政治权威且不干涉这些规则，那么对货币的价值和数量的政治影响就能实现最小化。

但由于这个在黄金基础上建立的货币体系仍然需要由政治权威来完成，仍然需要政治权威及其指定的机构代理人来监管，那么即使是金本位也会受到干预和操纵。而且，米塞斯认为，有了这种权力，那些被指定管理一个国家货币体系的政治机构将会被赋予越来越多的权力，在19世纪晚期和20世纪早期操纵金本位。这体现了在该时期越来越占据主导地位的社会主义、福利国家主义和凯恩斯主义理念的影响,甚至由金本位提供的应对通货膨胀和货币管理失误的保护性预防措施也受到了削弱。正如米塞斯在1924年出版的《货币和信用理论》一书中所写的:

> 事实证明,19世纪古典自由主义为保护纸币发行银行,即中央银行,而通过立法所建立的保障措施在防止国家滥用职权方面是不够的。人们无视所有为保护货币本位所设立的立法条款,所有政府,甚至那些最懦弱、最无能的政府,都能轻而易举地这样做。它们的银行政策造成了人们力图通过金本位想要避免的局面:货币的价值深受政治力量的影响。

这让米塞斯得出结论:不管在人们眼中不受管制的自由银行制度的理念有哪些缺陷和问题,与第一次世界大战及此后由于政治原因造成的货币混乱相比,所有批评都显得微不足道。20世纪20年代早期,德国大通胀造成的马克贬值在他看来只是大量例子中的一个。唯一有可能最大限度减少(假如做不到避免的话)政府滥用货币和银行体系权力的方法就是实施自由银行制度。在《人的行为》一书中,米塞斯总结了自由银行制度的逻辑:

> 要防止进一步的(货币滥用),我们需要将银行业置于商法和民法的一般规则之下。这些法律强制所有市场参与者完全遵守合同条款去履行其义务……自由银行是唯一可以防止信用扩张内在危险的方法……在自由银行制度中,信用扩张及其所有不可避免的后果不可能发展成为一种常规的(很容易被说成"正常的")经

济系统的特征。只有自由银行才能给市场经济带来安全，使其不受危机和萧条的影响。

一个自由银行系统将如何激励那些拥有和管理（不受政府管制）私营银行的人，以限制他们发行米塞斯所称的"信用媒介"（fiduciary media）（银行钞票和银行储蓄账户并非100%由这些银行中的黄金和其他种类的储备支持），这一点在他的《货币稳定和周期性政策》一书中有简要解释：

即使政府从没关心过信用媒介的问题，仍然会存在（私人）发行银行以及以支票账户形式存在的信用媒介，那么就会存在对这些信用媒介的法律限制。自由银行将占据主导地位，然而由于它们的信用媒介声誉受损问题的敏感性，人们很难接受这一点，银行不得不特别谨慎。随着时间的推移，资本主义国家的居民将学会区分好银行和坏银行。没有政府能够给银行施压，让它们以超出自身能力的宽松条款贴现（贷款）。但是，有偿付能力和受人尊敬的银行经理应该从过去的经验中吸取教训，即只有这些银行的信用媒介才享有人们的信心——这一信心对货币替代品的质量至关重要。即使他们很少能察觉更深层次的关系，他们也会知道他们走多远才不至于引发崩溃。

对受人尊敬和有声誉的银行而言，它们自我节制的谨慎政策将迫使那些不那么负责任的银行经理纷纷效仿，不管它们多么渴望贴现（贷款）——越多越好。如果多个拥有同样发钞权利的（私营）银行同时存在，而且如果其中一些想要扩大流通信用的规模

（即纸币和储蓄不再是100%得到黄金支持），而其他银行并不想改变它们的做法，那么在每一次银行出清中（银行间结算账务），活期存款余额都将更有利于比较保守的银行。由于出现了客户兑现票据和提取现金余额的情况，扩张的银行将很快被迫再次限制它们的发钞规模。

建立一个真正的自由银行制度会让一个国家的货币体系免受国家的控制、操纵和破坏吗？米塞斯认为事实并非如此，因为一个稳健的货币银行体系最终只能在一种与个人自由、自由市场经济和自由贸易的古典自由主义理想相一致的意识形态背景下才能得以维持。1924年，当有人问米塞斯一个自由银行制度是否能够幸免于1914年的国家蚕食时（当时第一次世界大战刚刚开始，各国政府为了增加其巨大的战争机器急需增加收入和财富），他坦然承认，答案很可能是否定的。要想确保一个货币体系免受政治滥用和控制的影响，只能通过改变20世纪主宰者的意识形态来实现。当1923年德国大通胀正处于毁灭一切的高潮时，在一部名为《货币单位的稳定化：从理论角度谈起》(*Stabilization of the Monetary Unit: From the Viewpoint of Theory*)的专著中，米塞斯认为：

然而，通货膨胀并不是一个孤立的现象，它只是我们这个时代政治经济和社会哲学理念总框架中的一部分。就像金本位倡导者所主张的稳健货币政策与（古典）自由主义、自由贸易、资本主义、和平发展齐头并进一样，通货膨胀也是帝国主义、军国主义、保护主义、国家主义的一部分。

认为稳健货币体系可以在不对经济政策进行实质性变革的情况下实现是一个严重的错误。我们首先要做的是摒弃所有通胀主义的谬论。然而，如果不能完全与所有帝国主义的、军国主义的、保护主义的、国家主义的和干预主义的理念相决裂，这种摒弃也不会持久。

在20世纪20年代早期米塞斯写下这些话之后的几十年里，世界各国的政府更进一步走向国家主义，而这正是他深切关注的方面。然而，从20世纪八九十年代起，随着以市场为导向的理念再次成为政治辩论中越来越有影响的力量，人们首次提出用货币非国家化的理念来取代中央银行。这场现代辩论是由米塞斯的奥地利学派同人哈耶克在20世纪70年代开启的。

哈耶克和货币的非国家化

在那本现在享誉全球的《通往奴役之路》于 1944 年出版后不久，经济学家哈耶克来到美国演讲。1945 年 4 月，他在 NBC（美国全国广播公司）电台的节目中出现，并在节目中回答了一个关于美联储是不是与自由社会相一致的问题，他称："在我看来，任何有理性的人都不会否认货币体系必须置于中央控制之下。这是（政府）框架的一部分，在此框架下，竞争才能发挥作用。"而当被问及美联储是否有"社会主义性质"时，哈耶克回答说："请别让我为别人说的各种废话负责。"

16 年后，即 1960 年，在他的《自由宪章》(*The Constitution of Liberty*) 一书中，哈耶克写道："过去 50 年的经验告诉我们，一个稳定的货币体系是十分重要的……我们当下对通货膨胀的偏见在很大程度上是短视观流行的结果。"而这种短视观是因凯恩斯"在根本上反自由的那句'长远来看，我们都会死'"才流行起来的。

哈耶克认为，为保持"完全就业"而进行的自由裁量货币政策在整个西方世界只会造成危险的通货膨胀趋势。因此，我们很容易理解为什么现在很多人会怀念早些年金本位之下的货币稳定，并主张金本位的回归。但是，哈耶克声称："首先我们要说明一点，这在当下的政治上不可行，即使它在政治上可行，结果也是不理想的。"

相反，哈耶克提出应该有一个政府货币当局，它"以一些综合价格水平的稳定为目标"，通过调整经济中货币数量以适应市场中交易者对货币一般需求的变化，追求"合理的较高和较稳定的就业水平"。因此，哈耶克既提倡一般货币"规则"——"价格水平"的稳定，又提倡一个货币中央计划当局——具有改变货币供给以反映货币需求变化的自由裁量权。

然而，又过了 15 年，哈耶克对货币和货币政策的观点发生了翻天覆地的变化。在 1974 年荣获诺贝尔经济学奖一年后，他于 1975 年 9 月在瑞士的一次会议上做了有关"国际货币"的演讲。在 1976 年的时候，该演讲的文字稿以专著形式于伦敦得以发表，书名为《货币选择：阻止通货膨胀的途径》(*Choice in Currency: A Way to Stop Inflation*)。他解释说，在凯恩斯和凯恩斯主义主导的货币和宏观经济政策的影响下，各国政府在服务各种特殊利益集团时都不同程度地受到短期目标的主导。这样做的后果是持续不断地滥用印钞机，并导致价格上涨，以此来满足似乎永不餍足的特权阶级和有政治影响力的集团的需求。

哈耶克认为，我们必须找到某种方法，把普通公民从政府对交易媒介的垄断控制中解放出来。他认为，答案就是允许个人自由使用他们所选择的任何货币，而不是让他们沦为由政府强加给市场的日益贬值的货币的俘虏：

如果人们有自由拒绝他们不信任的货币的权利,以及自由选择他们信任的货币的权利,那么这将是制衡政府滥用货币的最有效方法。只要政府能确保供给低于需求,那么需求就会增加,再没有比这更能促使政府保证其货币的稳定了。因此,让我们剥夺政府(或者其货币当局)所有限制货币竞争的权力吧!如果它们无法掩饰货币制度正变得糟糕,它们就必须限制这个问题。

只要合法,人们就会在国家货币明显贬值的时候拒绝使用该货币,并用他们信任的货币来进行所有交易。

结果很可能是,一个对货币政策负责任的国家的货币会逐渐取代那些不那么可靠的国家发行的货币。金融正义的名声将成为所有货币发行者努力保护的资产,因为它们知道,即使是对诚信的些许背离,也会减少人们对它们产品的需求。

哈耶克的提议是让人们有机会在由各国发行的各种货币间进行自由选择。然而,那年(1976年)晚些时候,哈耶克又出版了一本篇幅短一些的著作——《货币的非国家化》(*Denationalisation of Money: An Analysis of the Theory and Practise of Concurrent Currencies*;1978年出了增补版)。其中,他提出了一个更加激进的主张。他写道:"当我们研究货币史时,我们会禁不住去想,为什么两千多年来人们会一直忍受政府行使专有权?要知道,这种权力常常被用来剥削和骗取人们的财物。"

哈耶克描绘了一幅不受政府控制的、自由的、具有竞争性的私营银行体系的蓝图,这个银行体系将为市场提供货币。然而,哈耶克所说的"私营竞争货币"并不是指私人和独立的银行接受储蓄，比如黄金和白银，并发行能够按需兑现的代表固定数量黄金和白银的硬币或纸钞。相反，他建议建立一个替代货币体系，每一个发钞行都将承诺并尽力通过其流通中货币的扩张和收缩来保持其私营货币价值不变。

在任何特定情况下，采取什么类型的行动（扩张或收缩）需要以商品价格指数作为标准，这个指数代表的是"广泛交易的产品，比如原材料、农粮和特定标准化的半制成品等"的市场篮子。对银行而言，指数开始上涨，是一个收回流通中的货币的信号；而指数开始下跌，则是一个增加其货币展期数量的信号。

为什么公众会想要一种具有"稳定价值"的货币呢？哈耶克认为，这是因为经济计算的要求和对减少延迟付款的合约不确定性的向往，这可能会让这种货币变成最受人们偏爱的交易媒介。市场中存在的其他竞争性货币会制约银行不顾后果地进行货币扩张。搞扩张的银行很快就会发现，它们的货币相对于市场货币发生了贬值。该银行要么回到一个更保守的贷款和发钞政策上来，要么就要面临被公众抛弃的下场。哈耶克解释说："就是通过这个过程，那些不值得信赖的货币会逐渐遭到淘汰。"

那么，其他私营货币是如何开始流通的呢？哈耶克认为，如果他掌管一家银行的话：

我会宣布发行无息票证或钞票，并准备好开立支票账户，用诸如达克特（Ducat）这样容易辨认的注册商标作为货币单位。我要承担的唯一法律义务就是，在票据持有人的要求下，以他们所选的每达克特兑换5瑞士法郎、5马克或2美元的兑换率赎回钞票和存款。然而，这一赎回价值将只作为货币单位机制的底线，因为我将同时宣布，之所以规定达克特的数量，只是为了保证它们的购买力尽可能保持不变。

哈耶克似乎认为新的私营竞争通货将有可能作为货币被人们接受，因为它们至少在一开始可以兑换成已经存在的一定数量的政府货币，如法郎、马克或美元。但如果市场参与者有兴趣转而使用一种他们选择的其他私营通货，那可能是因为他们在寻找一种市场价值不会下降，或者至少没有在较长时间里像他们之前被迫使用的政府货币那样贬值得那么快的交易媒介。

哈耶克的提议引发了以下问题：当一种新货币的当前价值只能依靠以指定的指数保持其未来价值的稳定，而且它的初始赎回的可能性取决于人们试图摆脱的某种货币（或多种货币）的固定数量时，人们会有兴趣接受并愿意使用这种新货币吗？换句话说，这个过程和承诺对于市场参与者而言有没有足够的吸引力，使得他们一开始就愿意接受这种新的私营货币呢？这种私营货币网络有可能兴起吗？此外，为什么这种私营纸质通货比历史上私人银行基于商品押金而被使用的货币，如黄金和白银，更有吸引力呢？

哈耶克的提议引发的另一个问题在于，他认为私营银行操纵它们各自的货币数量以"稳定"其价值，而该价值则用某种统计构建的价格指数来衡量。哈耶克想要货币私营发行者所做的，似乎正是他在近 50 年前警告美联储试图在 20 世纪 20 年代稳定一般价格水平的时候所做的，他认为美联储当时的政策是 1929 年经济下滑的主要原因。

20世纪20年代末至30年代，哈耶克认为这种以价格水平稳定的名义进行的货币操纵将扭曲利率，并有可能导致超过经济中可用储蓄的投资活动，以致难以维持长期投资活动，并最终造成生产量和就业率的下滑。如果一国内唯一的货币当局可以造成这种严重的扭曲和不平衡，那么大量私营银行在各类价格指数的指导下各自增加或减少它们的货币，也将释放错误价格信号，而这些信号会让投资者受到影响，并做出错误的生产决策。

瑕不掩瑜，哈耶克提议的货币非国家化的关键在于，它开启了一场新的严肃讨论，即建立一个不受政府管理和控制的基于市场的货币秩序的可能性，他引领了一次为自由而战的新运动：

我们需要的是一次自由货币运动，就像19世纪的自由贸易运动那样。如果我们想让自由企业和市场经济幸免于难……我们别无选择，只能用私营发钞银行间的自由竞争取代政府货币垄断和国家货币体系……承认这个事实……对自由文明的命运至关重要。

穆雷·罗斯巴德和 100% 黄金美元

1962 年，利兰德·B. 耶格尔（Leland B. Yeager）编写了一本题为《寻找一个货币宪章》（*In Search of a Monetary Constitution*）的论文集。这本论文集收录了诸如芝加哥经济学派领军人物米尔顿·弗里德曼和雅各布·维纳，以及公共选择理论鼻祖詹姆斯·布坎南等人的文章。他们都主张建立一个制定管理货币体系的中央货币当局——它们拥有有限的自由裁量权，只用于维持理想的价格水平。这个论文集中还有一篇年轻的奥地利学派经济学家罗斯巴德所写的文章——《论 100% 黄金美元》（"The Case for a 100 Percent Gold Dollar"）。

同年（1962 年），罗斯巴德出版了《人、经济与国家》（*Man, Economy and State*）一书。这部两卷本的著作遵循了自 1949 年米塞斯的主要作品《人的行为》出版以来奥地利学派的经济原则。次年（1963 年），罗斯巴德出版了《美国大萧条》一书，他在书中详细地阐释了奥地利学派的主张，美联储在 20 世纪 20 年代的货币政策是如何造成经济不平衡和 1929 年开始的经济下滑的，以及胡佛政府在 20 世纪 30 年代早期采取的错误的干预政策如何阻碍了正常的经济恢复，并导致了 20 世纪最严重的一次经济紧缩。

《论 100% 黄金美元》一文主要论述了这样一个问题：什么类型的货币体系能够消除政府对货币供给进行操控的可能性，并能够使通货膨胀导致的萧条发生的概率降低，以及能够与自由交易的市场关系和契约承诺的自由社会的原则保持一致？

罗斯巴德强调说：

我们应该记住，在任何超越原始易货阶段的市场经济中，货币都是经济系统的中心。因此，如果国家能够不容置疑地控制所有账户单位，那么国家将处于主宰整个经济体系以及整个社会的地位。

在私人市场交易过程中，人们通过给市场中其他人提供他们想要的商品和服务来获得货币，人们愿意为他们想要的商品和服务支付货币。有了这些货币，获得收入者继而可以用它们来换取市场中别人所提供的东西。交易之环得以闭合，而商品最终进行了交换。市场上的每个参与者都只能通过提供别人愿意购买的商品或服务的方式才能从别人那里得到他想要的东西。

这个过程的唯一例外是货币（商品自身）的生产者。遵循卡尔·门格尔和米塞斯的理论，罗斯巴德认为，货币产生于市场过程。在这个过程中，某个商品作为使用最广泛和最易被人接受的商品，克服了直接易货交易的不便，成为货币。因此，那些生产这种商品的人在一开始时是某种人们喜欢的消费品或生产原料的供给者，而这种商品现在有了作为交易媒介的额外用途和价值。

在市场中，货币商品的生产者，即金币银币、金条银条的开采和铸造者，提供了某种对于需求者而言具有真实市场价值的东西，人们愿意用其他商品来交换这些东西。而在私人市场上，人们开采和供给的货币数量是由从土地中提取这一商品的利润决定和限制的，这样的资源和劳动力在经济中还有其他的使用方式，而且使用这些方式的人都要支付费用。

人们携带和储存大量金币银币、金条银条的不便促进了仓储业的发展，货币商品被放置在仓库里，储蓄者要支付费用，以确保货币商品的安全。储蓄者将得到一张收据或"索赔支票"，承认他对他的货币商品有完全或部分赎回的权利。一段时间后，随着这类仓储设施在各个社群中建立起值得信赖的声誉，市场交易者开始在市场交易中转让这些收据，而不是在每次交易前实际提取一定数量的黄金和白银。市场参与者开始认为这种对储存在仓库里的货币商品的所有权已经是货币的替代品了，它们"就像金子一样"。

问题在于仓储设施的所有者往往也是他们自己资金的贷款人——所有者将资金借给市场中的潜在借款人。对于这个问题，罗斯巴德在1962年的文章及他的其他作品，包括他于1963年出版的专著《为什么我们的钱变薄了》和1994年出版的《反对美联储》(*The Case against the Fed*)中都做了解释。也就是说，这些仓储设施的所有者开始扮演银行家的角色。但这些新出现的银行家很快就意识到他们可以以钞票的形式向借款人提供额外的贷款，这种钞票与他们向黄金和白银储蓄者发放的收据的作用一模一样。而这些作用一样的钞票也在市场交易中被人们所接受，因为商品卖方也将其视为货币替代品,也就是说,原则上,这些票据可以随时在"仓储银行"兑换为真金白银。

罗斯巴德认为,这是"部分储备银行制度"的开始。银行实际储存的黄金和白银代表了与该银行发行的能够"按需"(on demand)赎回的收据和钞票相对应的"储备"(reserves)。

但是,这也意味着流通中的收据和钞票的总票面价值现在已超过它们所代表的黄金和白银价值的数倍。为什么?

因为很多收据或钞票发放给了那些实际上在仓库银行家那里储存了一定数量黄金和白银的人,而且还有额外的收据或钞票被银行发放给了借款人,他们用这些收据或钞票购买各种商品。

如果在一段较短的时间内,一家银行的实际储蓄人及其收据和钞票的持有人都要求取回黄金和白银,那么我们会发现可用的黄金和白银只是银行声称能够兑现的一部分而已。该银行将会资不抵债,甚至破产。

罗斯巴德谴责部分准备金制度是违反合约的:

在我看来,超过手中商品数量而做出一种按需偿付的承诺本身是一种欺诈,而且法律应该予以限制。因为这意味着一家银行发行了"假的"仓库收据,比如对仓库中实际不存在的数盎司的黄金所发的仓库收据。这等于是将伪造的收据合法化,这是不进行生产的人与那些已经进行生产的人为竞争资源而进行的货币创造。简而言之,我认为部分准备金制度既有违道德,又会对市场经济的基础和制度造成灾难性的影响。

总之,我倡导修改法律,从经济和社会现实的角度来看待银行纸币和储蓄：从所有权、仓库收据到标准（金或银）货币——简而言之，纸币持有者和储蓄持有者都应该被视为银行保险库中黄金的所有者。

因此，罗斯巴德认为，自由社会的货币和银行体系应该建立在100%黄金储备体系的基础之上，他认为这样做会消除商业周期。银行业将有两个分支：其中一个分支将纯粹用作仓库，储蓄者需要支付一定费用才能将他的真金白银存放在那里，而100%相等数量的黄金和白银将一直放在保险库中以随时按需赎回。

银行体制的另一个分支是储蓄和借贷，存款将在规定的时间被储存在银行，在这期间，储蓄者不能提取（除非按照预先约定的条款执行并付出相应的代价）。这些存款可以用于有合约约定的贷款期限的借贷。只有社会成员的实际存款才可以提供给那些借款人进行投资，因而，储蓄和投资将保持平衡，而通常发生在商业周期中的那种"储蓄－投资"不平衡的概率将很低。

抛开商业周期的问题不谈，罗斯巴德反对部分准备金制度的一个主要论据在于部分准备金制度代表的是欺诈——发行银行公开承诺按需支付，但在足够多的储户同时要求赎回黄金的时候无法兑现。然而，这种看法受到了很多自由市场倡导者的质疑。比如，马克·史库森（Mark Skousen）在他于1996年出版的研究成果《纯粹金本位经济学》（*Economics of a Pure Gold Standard*）中发问："如果顾客获知有些银行在部分准备金基础上运营，他们可以选择将他们的储蓄放到一个有100%准备金的银行机构中去，不过他们要为此支付一笔费用；他们也可以选择一个为他们的储蓄支付利息但不能保证在特定情况（如要求赎回巨大金额的存款）下能 100% 赎回的银行。是不是这就不构成欺诈了呢？"

史库森写道："如果一个顾客自愿把他的资金借给银行，而同时合同约定该顾客可以按需提取他出借的资金，那么这又犯了什么欺诈罪呢？在市场条件下，这确实很有可能，而且并不涉及强制储蓄或欺诈。然而，通过允许这类合约，部分储备体系必然会大范围地发展起来。"此外，如果一家银行的钞票和支票能够明确地说明该银行是基于部分准备金运营的，那么当这类钞票或支票的潜在接收者同意接受其作为市场交易中的货币替代品时，这就不能算是欺诈了。

的确，建立一个私营的自由银行系统，很可能也包括部分准备金制度，这个主张成为过去 25 年来货币中央计划反对者的首要关注点。

第七章

自由银行

这些问题尚没有,也不可能有明确的答案。正如沃尔特·李普曼所解释的那样,理解并预测所有市场,并发现自由社会的复杂进程中产生的种种机会,是绝不可能的。正因如此,自由才弥足珍贵。只有自由盛行时,一切才皆有可能。这也是货币自由体系必须被提上 21 世纪经济自由议程的原因。

自由银行和对中央银行的政治评价

米塞斯在他1928年出版的专著《货币稳定和周期性政策》中提出自由银行的主张，他认为，"如果不是因为偏离了银行业完全自由的原则，如果信用媒介（流通中的银行纸币没有完全由它们的发行银行所持有的货币储备覆盖）的发行不受商业法规的约束"，那么主要工业化国家在19世纪和20世纪早期所经历的通货膨胀和萧条本可避免。只有"建立完全自由的银行业"，商业周期的更替才能最终得以放缓或消除。但是，鉴于20世纪意识形态和干预主义的趋势，米塞斯也承认，对于自由银行这个替代选项，"时机还不成熟——现在不行，未来也不行"。

但在20世纪70年代，随着凯恩斯主义经济政策带来的灾难和不足逐渐暴露出来，学术氛围开始变得有利于重新思考那些"不可想象的事"，而且，20世纪80年代以来，已经出现了新的关于货币的文献，它们已不再局限于中央银行的假设和正当性。新一代的货币经济学家最常受到奥地利学派经济学家早期著作，如米塞斯、哈耶克和罗斯巴德的作品的影响。

在这些新的银行学派的领军人物中，劳伦斯·怀特著有《英国的自由银行：理论、经验和辩论，1800—1845》(*Free Banking in Britain: Theory, Experience and Debate, 1800-1845*, 1984)、《竞争和货币：有关自由银行和货币的论文》(*Competition and Currency: Essays on Free Banking and Money*, 1989)和《货币制度理论》(*The Theory of Monetary Institutions*, 1999)，乔治·塞尔林出版了《自由银行理论：竞争性发钞制下的货币供给》(*The Theory of Free Banking: Money Supply under Competitive Note Issue*, 1988)和《银行去管制和货币秩序》(*Bank Deregulation and Monetary Order*, 1996)，凯文·多德著有《私营货币：通往货币稳定》(*Private Money: The Path to Monetary Stability*, 1988)、《国家与货币体系》(*The State and the Monetary System*, 1989)和《放任自由银行业》(*Laissez Faire Banking*, 1993)，史提芬·霍维茨(Steven Horwitz)著有《货币演化、自由银行与经济秩序》(*Monetary Evolution, Free Banking and Economic Order*, 1992)，凯文·多德还编了一本由一批自由市场货币理论家写的论文集，书名为《自由银行业经验》(*The Experience of Free Banking*, 1992)。

他们对中央银行制度的逻辑进行了有力的抨击。他们认为，在货币中央计划体制下，经济不稳定和货币不平衡的可能性比在自由银行制度下更大。劳伦斯·怀特坚称，中央银行制度必然存在难以避免的政治滥用的危险。首先，政府和中央银行总会受到诱惑去获得"铸币税"(seigniorage)利润。铸币税代表的是货币当局生产一单位货币的成本和该单位货币在市场中对商品和服务的购买力之间的差额。

举例来说，如果印刷一张1美元纸币需要花费25美分，那么政府就能通过第一个花出这张纸币的人,来获取市场中比生产这一货币单位多出来的价值 75 美分的商品和服务。政府可以对公众征收 25 美分的税来购买原材料,以便从印刷机上印出这 1 美元,并且当政府在市场中花掉这张纸币的时候,又能从私营部门的商品和服务生产中抽走另外 75 美分。只要制造一个货币单位的成本少于该单位能够在市场中买到的东西的价值,通胀利润就会被政府及其中央银行拿走。

就美联储而言,法律要求美联储将其活动的利润作为"礼物"赠予美国财政部,这促使中央银行以更多的雇员、更高的薪水、更昂贵的设施,以及更高昂的差旅费和其他商务开支的形式增加运营成本。美联储铸币税的部分利润以增加管理美国货币银行体系支出的形式隐藏在"账面上"。

怀特还强调,用"政治化的货币供应体制"试图启动极具诱惑力的"政治商业周期",有"为了追求连任而破坏真实产出和就业稳定的危险"的"政治商业周期"是很有诱惑力的。由于货币中央计划者都被指定为中央银行管理人员,随着大选临近,他们要承受压力和偏见去协助那些拥有政治权力的人尝试创造出"好年景"。当然,货币中央计划者像任何其他中央计划者一样,没有全面的知识,他们没办法"科学精准"地操纵货币供给,而这对刺激生产和就业达到有利于大选周期的理想数字而言是十分必要的。而且市场参与者总是有动机去正确预见未来的货币政策,以便调整他们的生产和定价决策,从而免受货币供给操纵的负面影响。

矛盾的是,因为货币中央计划者和市场中的私营部门参与者都不能全面地估计货币供给如何增加、何时增加和增加多少（或者增加的比率如何变化）以及对价格、生产和就业会产生何种影响，使得中央银行可能会给市场经济带来一定程度的"惊喜"。这种意外因素会让私营部门的参与者将货币操纵误认为是市场中可以真实地创造利润的机会，并因此带动投资和生产活动，而他们只有在事后才会发现这些活动是人造繁荣的虚假刺激。

因为政治可能会影响中央银行的货币政策，所以人们往往主张解决这一困境的最佳方法是让中央银行尽可能保持独立。如果政府的行政和立法部门不再直接向货币中央计划者施压，货币中央计划者就能为国家的长期利益考虑，并制定出最好的货币政策。

怀特对此做了回应：

不用对任何人负责当然不错。因此，任何一家中央银行的官员都可能站到倡导该机构独立性的前沿。

一个独立的中央银行的私营部门的拥护者——可能是那些大型商业银行——一般都有私下的议程，但是这个议程与货币的一般持有者（市场中的普通公民）的偏好并不完全相同……

在任何情况下，中央银行对商业银行负责的前景并不比中央银行对国会负责更乐观。

此外，他还认为，一个中央银行能够真正独立于政府行政和立法部门的程度是十分有限的。"国会创造了美联储，而且国会也可以像以前那样，在任何时候对美联储的权限进行重新调整，"怀特写道，"美联储的管理层知道这一点之后，就不能对国会的压力视而不见。不容置疑的是，任何其他由立法机构创造出来的中央银行，也同样如此。"

英国自由银行倡导者凯文·多德对反对中央银行的政治主张既做出了响应又进行了拓展。控制货币供给给了政府当局巨大的权力，它可以掌握一国公民财富和收入的分配，并引导公民使用他们手中的资源、资本和劳动力。结果就是，在权力顶端，各种政治联盟的变化会一直产生新的动机和激励，改变社会中财富和收入的分配方式，满足各种特殊利益集团希望刺激的生产类型和雇佣活动。

即使存在通货膨胀较低的时期，也不能证明对政治操纵货币体系的担忧是错误的或夸大的。多德说：

（货币）本位价值的改变反映了政治权力的改变，反映了那些希望从通货膨胀中获利的集团和遭受损失的集团之间政治权力的改变。除此以外，这意味着当下相对较低的通胀率只反映了当前反通胀联盟的力量——这本身就是大多数人在过去的高通胀中所经历的恐惧的结果——而且我们有充分的理由预期通货膨胀会随着该联盟失去对它的控制力而重新上涨。除非我们做了什么能改变货币体制的事，否则人们对高通胀的记忆会逐渐淡化，而随着记忆的淡化，他们对通胀的恐惧也会淡化。这样一来，各种终将导致新一轮高通胀的政策就源源不断地产生了。

即使当前的统治集团充分意识到价格不稳定的危险，并完全致力于稳定价格，统治集团一般也没有能力预先要求未来的政府保持价格稳定。不管私营部门多么相信当下英国政府的"良好意图",后者也没办法保证它的继任者的行为,甚至也没办法保证自己未来的行为也具有"良好意图"。

避免这一点的唯一方式是废除干涉(货币)本位的权力,而这样就要求对(货币)本位进行有效的去政治化。

即使在中央银行制度及其决策过程中完全消除政治因素是可行的,而且货币中央计划者在制定和实施货币政策的时候可以不受政府和私营部门的压力与偏见的影响,自由银行的倡导者还是认为,那些货币中央计划者仍不能成功地用一种与完全基于市场的自由银行制度相当的或更好的方式来管理货币体系。

自由银行和对中央银行的经济评价

自亚当·斯密以来的古典经济学家的一个基本见解是,没有政治设计的社会秩序是有可能存在的。亚当·斯密的隐喻是,人们追求私利的过程就像受到了一只"看不见的手"的指引,并无意中服务了某种目的,这表明人类社会并不需要政府的控制和命令,而且人类社会确实会因为计划者试图指导人类在市场中的行为而受到极大的伤害。

然而,有这么一个领域,古典经济学家认为政府在其中的地位是至关重要的,那就是货币供给控制领域。19世纪的金本位制就是一种政府管理的货币体系。而在20世纪和21世纪,各国政府已经通过发行法币和纸币来对国家货币体系施加中央计划。

然而,货币中央计划具有很多与所有其他形式的中央计划相同的问题和限制。重新讨论中央计划和货币中央计划之间的相似之处是劳伦斯·怀特和乔治·塞尔林所提出的重要主题。在怀特的《英国的自由银行:理论、经验和辩论,1800—1845》中,他注意到这样一个事实:在19世纪,自由银行的倡导者强调了在中央银行制度下货币"超发"的问题;即使在金本位下,如果一个国家只有一个货币发行者，那么银行得到的"过量"货币供给的反馈信息也十分有限。

现在设想一下，有很多私营银行向那些在它们银行储存了黄金的储户发放纸币和支票，假设黄金是由中央银行控制的，并储存在中央银行的保险库里，也就是说，这些私营银行收到的任何黄金都将储存到中央银行里。

与此同时，每一家私营银行都有权要求中央银行向其发放面值与该银行黄金储备数额相同的纸币。而且，这些私营银行给那些原始黄金储户（私人公民）发放的纸币正是这些中央银行的货币，私人在这些私营银行所开立的以黄金储备为基础的支票也都能"兑现"为中央银行的货币。

假设私营银行 A 的一个储户在市场中购买某个商品时签了一张 100 美元的支票，而该商品的卖方把这张支票存了私营银行 B 中。银行 B 现在给卖方的账户中多存入了 100 美元的信用，该储户（商品卖方）用这些信用可以要求得到中央银行的纸币或自己签发支票。

银行 B 将把存在它那里的支票交回银行 A 进行支付，所以中央银行将从银行 A 在中央银行的账户中减去价值 100 美元的黄金，并向银行 B 的账户相应地存入 100 美元。流通中的中央银行货币数量和支票账户货币所代表的中央银行总货币供给并不发生变化，而所有的黄金仍将保存在中央银行的保险库中，其中，价值 100 美元的黄金所有权只不过是在中央银行的账本上发生了变化而已。

现在，假设中央银行决定扩大货币供给以资助一项政府预算赤字（或许是因为战争危机）。政府发行1 000美元的债券，并由一家私营银行购买。与该债券相对应，这家私营银行给政府增加了1 000美元的贷款，形式为支票账户，而政府现在可以用它到市场上购买各种商品。

目前为止，该过程中还没有任何内在的通胀因素。由于该银行在中央银行储存的黄金数量有限，该银行只是以私营部门中某个潜在借款人为代价增加了它对政府的贷款而已，而这个借款人无法向政府支付利息。

但现在中央银行要从该私营银行购买政府债券，并在该私营银行的中央银行账户中存入1 000美元。这意味着这家私营银行现在有额外的1 000美元可以用来增加其对市场中其他人的贷款，形式是额外的中央银行纸币或可以用来提取1 000美元现金的支票——没有额外的或者新的黄金被存到银行体系中，但在经济中却凭空出现了1 000美元的中央银行货币或支票。

现在中央银行保险库中仅有价值1 000美元的黄金，却有价值2 000美元的中央银行货币在流通。对应黄金储备的货币和支票所有权已经超出了能够满足这些所有权的可用黄金数量，货币供给的通胀性"超发"出现了，在金本位下，这种货币"超发"最终要被逆转。

但中央银行的批评者认为，这种货币供给的过度增长可能会维持一段时间，直到中央银行受到压力被迫停止。

中央银行新增的这1 000美元货币以私营银行额外贷款的形式进入市场，多出来的1 000美元将与市场中先前可用的商品和服务的货币供给进行竞争。随着时间的推移，这些商品和服务在

A 国的价格将开始因美元数量的增加而上涨。国内的商品和服务价格的上涨让 A 国消费者觉得外国生产的更廉价的产品更有吸引力，但由于 A 国中央银行的货币并不能用于在其他国家购买商品，A 国的公民将开始用他们的银行货币和支票赎回黄金，接着用黄金购买外国（如 B 国或 C 国）更便宜的商品。

A 国的私营银行将用中央银行货币换取黄金，来偿付他们的储户。只有在货币"超发"和通货膨胀过程已经持续了一段时间后，中央银行才会因为出口而面对大量和不断增长的对其保险库中黄金的需求。

而货币创造和价格上涨越严重，人们要求赎回黄金的需求就越大。的确，正是因为货币供给的增加没有在市场上立即同步造成价格上涨，所以货币扩张可以持续一段时间，随后才会有大范围的商品价格上涨，直至导致中央银行面对不断加剧的"黄金匮乏"，而这可能很危险。

如果中央银行不想冒着造成恐慌的风险和无法保持其信守的金本位的危险的话，黄金的损失和对可能的额外黄金损失将最终迫使中央银行停止并采取措施逆转货币扩张。然而，在中央银行制度下，黄金损失的"负反馈"可能要花很长时间才会显现出来，人们要对其做出反应也同样要花很长时间。当中央银行用货币收缩来逆转货币扩张以维持其中央金本位时，该国的市场经济可能会面对高度的通胀不稳定，随后是价格紧缩和萧条。

在中央银行下，即使是在金本位制下的货币管理问题，与一般中央计划下的货币管理问题有什么相同之处呢？塞尔林于 1988 年在其著作《自由银行理论：竞争性发钞制下的货币供给》中强调了这个主题。在竞争性的自由市场中，价格体系被当作一种信息传播方式，任何分工体系都会自然而然地创造出一个巨大的消费者网络和专业生产者网络，它们必须以某种方式传递需求模式变化的信息和为了成千上万人的相互协调的计划目的而进行供给的能力。自由市场价格是精细而敏感的价格信号开关，能记录供需模式和强度的所有变化。那些变化的价格创造了利润机会和惩罚措施，而这也将激励人们去修正市场中各种商品需求与供给的内容和数量。

原则上，货币和银行体系应该对自由市场的竞争价格体系开放，并在这个体系下运行，让货币的需求者和供给者以及私营银行体系的管理者了解各种货币和货币替代品的需求和供给，变化形式和数量。自由市场的定价体系也应该确保银行体系成功地将借款者和贷款者结合起来，合理地协调储蓄者和投资者的计划，在整个经济中创造出相对平稳的消费与生产网络。但在中央银行制度下，正如我们解释过的，货币供给的"过量"扩张缺乏敏感而迅速的反馈机制来让中央货币管理者知道该体系正承受着不稳定的威胁；相反，该体系可能会受到突然的、严重而持久的通货膨胀，以及之后的通货紧缩的干扰。换句话说，一个中央控制的货币体系可能受到由中央计划当局造成的货币波动，而无法反映市场的供需情况。一旦采取货币中央计划，结果可能是持久的通货膨胀或通货紧缩，甚至在中央银行管理下的金本位也不能幸免。

自由市场能做得更好吗？"是的。"自由银行的倡导者如是说，而且他们也解释了原因。

自由银行和货币扩张的竞争限制

苏格兰哲学家大卫·休谟1754年出版的《政治论文集》(*Political Discourses*) 中包含了他著名的论文《论贸易差额》("Of the Balance of Trade")。在文中,他反驳了重商主义者的观点,重商主义者认为除非政府管制一国的国际贸易,否则该国可能会因贸易逆差而失去贵金属——黄金和白银的供给。

重商主义者担心,在从外国进口便宜而有吸引力的商品时,如果数量超过该国本身能够出口的商品数量,那么该国将不得不通过出口黄金和白银支付这些净采购,以便与卖方进行国际结算,二者会造成其金属货币"宝藏"数量的减少。

休谟用我们现在所称的"现金流动机制(specie-flow mechanism)"加以回应。如果某国政府要增加纸币供给,一段时间后本国商品的价格会开始上涨,这将吸引本国人购买更便宜的外国替代商品,这也会降低本国生产的商品对外国人的吸引力。本国的进口将增加,而出口将减少,造成所谓"不利"的贸易差额(贸易逆差)。

如果纸币可以兑换黄金和白银,那么本国的居民就可以用他们的纸币赎回昂贵的黄金和白银，并使用这些黄金和白银来作为他们想要的进口产品的净采购费用，而该国将遭受金属货币的净损失。但休谟认为，这只是由于国内纸币膨胀造成的一系列市场反应的第一步，除非本国政府要承受失去全部黄金和白银储备供给的风险，否则它必须扭转纸币的扩张，使本国货币收缩、商品价格下跌。

与此同时，外国通过出售更多的商品实现了黄金和白银净流入，这些额外的黄金和白银流入会造成这些国家国内商品价格的上涨。因而，本国居民开始购买更便宜的国产商品，国外居民则增加了对来自本国的出口商品的需求——外国生产的商品现在变得更贵了，本国商品价格下跌和外国商品价格上涨将造成黄金和白银的反向流动。黄金和白银将从外国流出，并流回本国，直到商品价格在本国上涨而在外国下跌，由此形成世界各国的贸易平衡。

以市场为基础的价格变化和国际购销的改变将确保各国之间在没有政府干预和外贸管制的情况下实现贵金属的"自然"分配。19世纪的古典经济学家从休谟的"现金流动机制"中得到的教训是，政府这样做的唯一"好处"是，通过遵循一种金本位制保证纸币按需赎回，并通过自由贸易限制政府自身免受"过量"发行纸币的诱惑。

由黄金支持的、可赎回的货币和自由贸易是在19世纪和20世纪古典自由主义世界中保证稳定的货币秩序的两大制度。只要政府和中央银行遵循这些"游戏规则"，古典经济学家和古典自由主义者就能确保这是人们在一个不完美的世界中能够预期的最好安排。

但是，正如自由银行的倡导者所指出的，这种制度体系仍然存在很多薄弱之处，比如这一制度下潜在的货币超发风险，这会对价格和贸易产生影响（包括一段停滞时间），而这种影响会造成对通胀过程的"制动"机制。正如凯文·多德在《国家与货币体系》一书中对这个问题的总结：

在有垄断银行的情况下，在对赎回的需求让发钞情况恢复正常前，总会有更大规模、更长期的"超发"现象存在。反过来，这似乎暗示着"超发"问题更加严重，而利率、价格和产出会在银行采取措施应对其储备损失之前更加失衡……当然，直接赎回的压力最终足以让银行停止"超发"，但制衡"超发"的过程很明显将持续更长时间。

多德和其他自由银行的支持者指出：

由于黄金储备集中在中央银行手中，某一家商业银行中的任何明显的"超发"行为，在这些银行彼此间"清算"账户的时候，都将只是造成属于中央银行制度的商业银行对黄金所有权的再分配。中央银行保险库中储存的实际黄金数量在纸币扩张直至足以抬高一般价格之前，会有很长一段时间无人提取。当储户购买更便宜的进口商品的需求增加时，他们提取黄金的需求也会增加。

然而，自由银行家认为，在一个没有中央银行和对黄金储备集中管理的体系中，情况将大为不同。每一家私营银行将用它们的设施为顾客储存黄金和任何其他贵金属（这些都是市场选择的交易媒介）。银行将给储户发放它们自己的票据作为储户对这些储蓄的所有权证明，或者为他们的信用储户开立支票账户，这样，储户就可以签发该银行的支票。储户将用那些纸币和支票去购买商品和服务，而卖方也愿意接受这些纸币和支票，这是对银行品牌和信用及其在市场交易者间信用证明的认可。

卖方将把他们在交易中收到的纸币和支票存到其他银行的个人账户中。这些私营银行将每隔一段时间进行一次"清算"，在这个程序中，他们彼此之间要结算账目（在政府中央银行出现前，这种做法已经在历史上使用了很久）。任何一家银行如果发现自己欠其他银行的净额超过了其他银行欠它的钱，就必须通过实际转移黄金或其他任何被用作最终市场货币的贵金属来进行偿付。这家银行的黄金储备将立刻减少，因为银行要把它们转给那些与它们有"不利"差额的银行。与此同时，其他银行的黄金储备存量将因它们收到了净转移而增加。

这些私营银行的黄金储备将一直准确地反映它们各自储户的支出和收入模式，银行只是满足它们储户需求的储存机构。这些储户会发现把商品货币存在这些银行很安全，而且使用市场能够接受的私营银行纸币和支票作为货币替代品是很便利的。银行客户的净收入和净黄金持有数量的改变将很快在银行之间的结算过程中由黄金的净转移反映出来。

现在，假设一家私营银行决定发行超过其储户储存的黄金数量的纸币和支票，并以贷款的形式发放给借款者去赚取因贷款而产生的额外的利息收入，借款者会用这些纸币和支票购买商品和服务，这些正是他一开始想要贷款去买的东西。那些纸币和支票将由卖方存到他们自己的银行中，而那些银行将代表他们在下一次银行间结算过程中赎回黄金。进行纸币和支票超发的那家银行将用自己的储备作为净负债的黄金支付给另一家银行，而这将在它决定过量提供该银行的纸币和支票之后的很短时间内发生。

损失的黄金将成为即时和直接的信号———一个快速的负面反馈。如果该银行继续私自进行"货币扩张"，那么它就是在执行一个可能使其资不抵债、让顾客信心下降以及让自己市场声誉受损的"货币政策"。如果这家私营银行要继续执行它的"宽松货币"政策，它将有可能在每次银行清算过程中都损失一部分自己的黄金储备，从而引发储户担心，使他们将自己的存款转移到那些金融稳健的银行，并造成卖方在市场交易中不愿意以票面价值接受该银行发行的纸币和支票。

正如乔治·塞尔林在《自由银行理论：竞争性发钞制下的货币供给》一书中解释的：

这意味着在自由银行制度下，单独一家银行无法实行独立的贷款政策，尤其是"廉价货币"政策，这会使该银行的储备流失到竞争者的手中。另外，没有哪家银行能通过超发货币显著影响价格水平或名义收入，因为清算机制将迅速吸收超出（市场）需求的超发货币，并惩罚应该承担责任的银行。

在一个自由银行制度中，一家私营银行可以尝试在市场中增加纸币和支票的发行数量以超过储户对它们的需求吗？可以。那么它可以长期这样做吗？不可能。因为在很短的时间内，该银行将认识到自身行为的后果。这家银行不可能强迫别的银行采取同样的行动，也不能以其孤立的货币和贷款政策显著影响一般价格水平或市场中的相对价格结构。因此，相比中央银行制度，在自由银行制度下，私营银行超发纸币，会在更短的时间内产生对该银行黄金储备的负反馈，而且其影响范围也更小。

自由银行和货币的市场需求

经济自由的一个首要优点是，它把由普通人的错误造成的消极影响分散了。我们所有人做决策时都希望得到我们想要的结果。

然而，我们行动的实际结果往往与激发这些行动的期望并不相符。一个商人在为他的公司从生产到营销战略的各个环节做计划时，如果误读了市场趋势，就会遭受损失。这些损失让他不得不减少商业活动，从而导致他的雇员丢了工作，他的原料供应商的销售量也会出现下滑，因为遭受了损失的商人会减少原料的订单。

但企业家因决策失误所造成的连带消极影响只是整个市场中一个小小角落里发生的事，市场中的其他部门并不会因为这个商人糟糕的判断而直接受到惩罚或承受不幸的后果。盈利企业可以自由地进行雇佣、生产活动，然后销售那些符合预期的消费大众实际想要购买的商品。

然而，在中央计划下，中央计划者所犯下的错误可能会对整个经济造成影响。市场的所有部门都在中央计划的蓝图下相互联系，分配资源，生产不同数量的商品和提供各种服务并向大众消费者进行分配。

资源使用或生产决策上的中央计划错误会更直接影响所有的经济部门，因为在政府经营的各个产业中，没有什么能独立于中央计划者试图弥补其错误运转这件事。所有人都更直接地感受到中央计划者由于犯错而造成的影响，而且他们还必须等着这些计划者做出一个修改后的中央计划来改正这些问题。

货币中央计划也存在同样的缺陷。货币供给上的变化由一个中央部门来控制，并由货币中央计划者定义的关于经济中可用的货币的最优或最理想数量的概念所决定。中央决策会直接影响利率的模式（至少在短期如此）和相对价格的市场结构，并不可避免地造成货币单位的一般价值或购买力的变动。货币中央计划者的政策会对整个经济产生影响，这可能会造成一波通胀繁荣后的普遍经济下滑或经济萧条。

遏制通货膨胀并终止不可持续的繁荣，需要以货币中央计划者发现事情"可能发展得过头了"，以及他们决定扭转货币政策路径为前提。于是市场中的很多部门（可能不是大多数）将不得不调整和矫正它们之前根据由中央计划者的货币政策人为造成的虚假的通货膨胀价格信号而做出的各种投资、生产和雇佣决策。由于货币中央计划者的错误，市场中的资本、财富和收入支出模式已经受到误导并被部分地浪费掉。

中央银行的反对者认为，在竞争性自由银行制度下，这类错误的出现频率将大大降低，也能更早被发现。任何"超发"货币的私营银行都会很快在银行间的出清过程中以黄金储备的损失为形式发现自身错误。该银行会意识到有必要改变路线，以确保其黄金储备地位不会受到严重的威胁，也能避免因为储户大量提取储蓄而失去顾客的信任。

此外，这样一个私营银行遵循"宽"和"松"的货币政策的效果将是局部的，因为只有当它的银行钞票和支票货币供给有所增加时，那些接收到银行超发贷款的人才会有额外的支出。这个政策既不能迫使整个银行体系在整个经济范围内进行货币扩张，也不能造成整个经济范围的价格通胀效应。任何负面后果，都将被限定在一个市场决策和交易的较小空间范围内。

自由银行倡导者也认为，一个竞争性自由银行制度将能够更平稳地调整货币供给，使其适应货币需求的改变，与此同时，也能通过对私营银行贷款政策的局部调整，来确保整个经济中的储蓄决策和投资决策保持协调。

货币需求在市场参与者的决策中有两种表现形式。二者之间的区别在罗斯巴德的《人、经济与国家》一书中得到了充分阐释。书中提到了"对货币的前收入需求"，它代表的是个人为了各种目的——消费、投资和持有现金等——想要获得的货币的数量。

每个人自行决定向市场提供可作为赚取货币收入手段的商品、劳动力服务、资源和其他生产要素的数量。我们赚到的钱能够在市场中买到的东西的价值与花费我们的劳动、时间和资源却并不赚钱的方式相比，其价值有多大，这是我们做出每一个决策的前提。

这也是一个"对货币的后收入需求"。我们一旦确定了赚取特定的货币收入，就必须决定其中的多少钱要立即用于各种消费和投资，以及多少钱应该作为现金余额持有一段时间，以便用于将来我们想要的或者可能的支出机会。换句话说，每个人都可以决定赚得的货币收入中有多少是在一段时间内作为平均现金余额来持有的（这段时间正是我们两次收到薪水之间的时间间隔）。

我们不仅会储蓄，也会将收入或财富中的一部分用于投资某个商业项目，或者将收入或财富中的一部分借给别人。我们延迟了消费，我们并不需要立即购买商品和服务（这些商品和服务是我们可以在市场中购买的），我们选择持有平均现金余额，而不是花掉它。我们对货币的后收入需求（以便持有平均现金余额）让我们做出进行储蓄的决定。

因此，我们为市场提供商品、服务、劳动力和资源的意愿反映了我们对货币的前收入需求；我们愿意持有平均现金余额，并把之前赚得的收入在一段时间内按比例用于消费和投资，则反映了我们对货币的后收入需求。并且，任何增加或减少平均现金余额持有量的决定，都代表我们在一段时间内增加或减少用于消费或投资的收入。也就是说，我们在一段时间内的平均现金余额持有量的增减，反映了我们在同一段时间的储蓄占收入的平均比例的变化。

在基于市场的自由银行制度中，储户可以选择持有他们想要的现金余额形式，要么以实际的商品货币（黄金）、纸币或支票账户余额（它们代表的是储户在一家金融机构储存的商品货币的数量）的形式，要么以组合的形式。在一个发达的货币和银行体系中，大多数人可能会为了方便而将他们的商品货币放在一个金融机构中。他们会用私营银行发给他们的纸币或支票作为黄金储蓄的所有权凭证（这些私营银行都具有市场信誉，使得它们的纸币和支票"像黄金一样"，这也意味着人们信任这些纸币和支票，人们能够依据其票面价值进行赎回）。

假设一些"亚当·斯密银行"的储户想持有一定数量的平均现金余额，但想以实际的金币或金条的形式持有更大比例的现金余额。他们将交回与他们想兑现的黄金数量相等的纸币或支票，而同等数量的这些货币替代品将由"亚当·斯密银行"从流通中提取出来。但由消费品需求和直接投资采购所反映的平均支出比例不会发生变化——尽管现在更高比例的交易可能是以金币或金条的形式发生的。

在平均现金余额不变的前提下，如果储户想持有更高比例的纸币或支票，那么相反的情况就会发生：他们将把一定数量的金币或金条储存在他们所选的私营银行中，而"亚当·斯密银行"的纸币和支票在流通中的数量将更大，并可能用于市场交易。

假设一些人想增加他们的平均现金余额持有量，这将意味着他们想要在这段收入期里降低在消费品和直接投资上的支出比例。他们可以通过使用一定比例的纸币和支票赎回黄金，并以真实商品货币的形式持有更大比例的平均现金余额；或者他们可以简单地以纸币和支票的形式降低支出率。因此，在这段收入期内，他们"手头"的收入有很大比例是以"亚当·斯密银行"的纸币和支票的形式存在的。

这也将意味着这些储户是在增加他们的储蓄，即推迟满足他们的消费需求。增加的储蓄偏好在市场中会使得利率下降，以及消费品部门的劳动力和资源空置（人们对消费品的需求有所下降是因为人们希望减少支出，并增加以持有现金余额为形式的储蓄）。利率下降造成借款增加，以及对劳动力和资源的重新分配，这会将资源引向更长期的投资项目中,并将在未来带来更多、更好、更便宜的消费品。

在自由银行制度下,这种市场调整和再分配过程究竟是如何发挥作用的呢?

自由银行与储蓄和投资的协调

在任何扩展的劳动分工社会体系中,一个关键的经济问题是在由相互依存的市场参与者组成的庞大网络中,这些市场参与者是如何成功地相互沟通,以了解彼此对商品多样性的需求以及针对这些不断变化的需求的供应能力的。在竞争性的自由市场中,这个问题是由有效的价格体系来解决的。社会消费品和生产要素的价格平稳而快速地反映着市场中每一种有关需求的欲望以及供给的意愿和能力。

市场经济的价格体系就是哈耶克所称的一种扩展的远程通信装置,它让所有人知道可能与他的个体计划相关的各种变化。价格的变化帮助我们扩散信息,这些信息能使人们调整自身行动以便更好地协调那些可能为了互利而与他们进行交易的人的行动。

利率本应该服务于同样的功能,即协调市场参与者跨时间的选择。一些参与者的储蓄意愿需要与那些为了从数量和质量上满足人们在未来不同时期能够买到的商品这一目的而进行的投资相协调。一个不去花钱而是延迟消费的决定可能有两种形式。

第一种形式是,个体可以选择将他收入的一部分借给另一个为了投资目的而想要得到市场中更多商品和服务的金融渠道的人，而他自己的收入和存款让他无力购买商品和服务。这个人要么可以直接把钱借给一个潜在的借款者，要么可以间接把他的储蓄放到一个金融机构中。这个金融机构作为一个中介，会选择潜在的最可能获利的商业活动，并把人们存在这里的储蓄借出去。

第二种形式是，一个人可以选择在给定收入时间段内，通过降低收入中支出的份额来储蓄更多以及消费更少。换句话说，他可以选择增加那个时间段内持有的平均现金余额，这也代表着他的现金收入允许他在市场中购买的消费品数量的潜在需求下降了。例如，假设基于之前的市场价格，这个人在他两次领工资之间买了4盒早餐燕麦、2 000毫升牛奶和3个面包；而现在，他选择在那段时间购买3盒早餐燕麦、1 000毫升牛奶和2个面包。

他对这些消费品的需求将会下降，而在这个收入期的末尾，他会发现因为延迟消费而持有一定数量的正的现金余额。他通过坚持以现金的形式持有这一比例的收入，增加了自己的储蓄，而本来可能用于生产他不需要的这些消费品的资源和劳动力可以另作他用。

一个人对消费和储蓄的偏好的改变是怎样通过一个竞争体系（如自由银行）在市场中传达的呢？一个人可以减少他的消费，并将他收入中的更大份额转变成私人银行中的定期存款，而这个银行会向他承诺一个固定的存款利率，双方协议存款人不能在一个规定的时间（如一年）结束之前取回这笔钱。

接着，银行可将这笔钱扩展成一年期贷款，并借给一个同意在这一年底连本带息偿还贷款的借款人。有了这笔贷款，借款人就可以进入市场,并增加他对资源和劳动力服务的需求,而这些都是从之前用于生产更直接的消费品中解放出来的资本,它们现在被用在了更加迂回的投资活动中。

另外,我们已经看到,一个人可以通过减少他的消费支出比例并增加其平均现金余额来增加他的储蓄。这种额外储蓄的信息是如何传递给私人银行的呢?在这个私人银行里,他持有黄金储备和纸币,并拥有一个代表同等数目的黄金数量的支票账户。

乔治·塞尔林在他的《自由银行理论:竞争性发钞制下的货币供给》一书中提供了简要的解释:

(作为大笔平均现金余额的)货币需求的一般增加等同于(纸币和支票)货币周转率的一般下降,钞票转手的频率更低了,而活期存款持有人用的支票更少了(可能数额更小了)。结果是,银行债务传递到人们手中或作为竞争对手的发钞银行那里的频率更低了,这些互相竞争的发钞银行将把这些债务退回到其最初兑现的地方。债务周转率的降低直接导致了银行出清量的下跌。当这种情况发生时,银行发现,相对于自身现有的债务水平而言,它们持有过量的储备,因此它们能够增加其生息资产的持有量,而要做到这一点,它们只需要增加货币的供给(形式是向潜在借款人发放额外贷款)。

这是否意味着竞争性的自由银行将在部分准备金制度的基础上运营,即在超过必要的黄金储备数量的情况下,向借款人发放纸币和支票,以便持续满足储户的潜在要求来兑现本来的黄金储蓄要求呢？是的，的确如此。这是否也意味着承诺兑现所有纸币和支票所对应的黄金储备是一件不可能的事？如果足够数量的纸币和支票持有者同时要求赎回他们的黄金，那么是否意味着银行无法兑现呢？对，在原则上的确如此。那么这是一个稳健和诚实的银行体系吗？这要视情况而定。

如果这类银行在发行纸币和支票时明确告知大家它们是部分储备机构，它们承诺在一般情况下能按要求偿付，而在特定条件下并不总是能够同时偿付所有债务，那么就不能说这类私营银行是在欺诈的基础上运营的。此外，正像自由银行宣扬者凯文·多德所言，私营的部分储备金银行可能会觉得向它们的储户提供"选项条款"（option clauses）是有利的。无论如何，一家银行都会在合同中承诺，如果它不能在特定时间内按要求兑现其纸币和支票，那么该银行将为其不能立刻满足对其储户的责任而支付一笔赔偿罚金。

私营竞争性自由银行的企业家的艺术性在于，这类银行的经理在与各位银行代表定期结算各自的票据并相互核对索赔时，可以正确地预见储户和其他银行的平均黄金储备提取量。而且，正如我们所见，任何通过借贷程序实现的纸币和支票的超发都将很快为银行经理提供负反馈，因为超出他们预期的黄金储备提取量意味着他们有必要开始遵循更加谨慎和保守的贷款政策。

实际上，这一点表明，市场机制可以让各个私营银行发现它们各自的储户和票据持有者是否会以扩大平均现金余额的形式持有收入的较大部分，继而降低支出率，即继续增加他们的储蓄偏好。

因为客户已经降低了他们的支出率，并持有更大比例的平均银行余额，更少的银行纸币将转手到商品出售者手中或其他银行，所以更少的纸币和支票将被拿到发钞银行那里兑现。

假设一家银行的经理已经算出平均只有 10% 的展期纸币和支票负债有可能由储户或出清程序兑现。比如，在 100% 的黄金储备基础上，这家银行在流通中有价值 1 000 美元的纸币和支票，而且刚好手中有足够的黄金来满足这段时间内要求兑现的平均数量。

现在，假设由于人们想要持有更大数量的纸币余额而造成储蓄增加，只有价值 90 美元的纸币和支票在这段时间内被拿到银行要求兑现，那么该银行可以降低利率来吸引更多的借款人，并将其贷款增加 100 美元。该银行发行的纸币和支票的总额现在将是 1 100 美元，而其基础仍是那 100 美元的黄金储备。该银行将使纸币和支票对黄金储备的比率下降到接近 9% 而不是 10%，但以贷款形式增加的纸币和支票展期实际上只是补偿并反映了以更大的平均现金余额持有量形式增加的储蓄。

因此，发钞银行会通过增加差不多数量的、刚好能够反映获取收入者储蓄偏好变化的投资贷款的数量，来对钞票持有人增加其现金余额形式的储蓄决定做出回应。储户和钞票持有人提取的黄金储备作为展期银行钞票和支票账户负债的比例将成为银行获取信息的来源，银行应该用降低利率、增加贷款和更大的投资支出来改变获取收入者储蓄更多而消费更少的决定。

每一个私营竞争性银行都将增加或减少它们各自的展期纸币

发行和支票账户负债，以此来稳定并确保它们的贷款政策能够合理反映储户和票据持有者的储蓄偏好。自由银行制度将以其内部的市场反应过程来确保市场中各类参与者的储蓄和投资的决定是协调的。

自由银行和市场竞争的好处

在过去的两百多年中,宣扬自由市场的人最强有力的一个论点是,他们指出了竞争的好处和由政府支持的垄断所带来的危害。在一个竞争的市场中,个人可以自由地、创造性地改变生产和消费的既有模式,以使自己和社会中的其他人生活得更好。

在合法垄断存在的地方,拥有特权的生产者总是受到保护。他们不会受到那些可能进入其市场领域,并可能向顾客提供比他们销售的产品更具吸引力的产品的潜在竞争对手的影响。这个在经济中受到政治保护的领域,创新和机会要么被阻止,要么被延迟;生产方法要么一成不变,要么推迟很久才能得到改善。产品研发和改进过程十分缓慢,追求成本效益的激励措施不具有紧迫性,这些激励措施发挥的作用往往很久之后才能以较低售价的形式传递到消费者那里。

那些有眼光和胆量进入市场,并成功通过创新创造出比现有供应商更新、更好产品的人,往往因这些保护而备受阻挠,不能得偿所愿。他们被迫将他们的进取心用在不那么获利的方向上,或者因政治限制而索性放弃尝试。他们本可能给消费者带来"原本有可能"更好的产品,可这些东西却无法出现在社会中。

此外,正如哈耶克特别强调的那样,市场竞争是一个伟大的发现过程,这个过程决定了谁能生产出更有创新性,且在任何给定时间具备最低价格的更优产品。这是一种和平的市场方法。通过这种方法,社会分工体系的每一个参与者都能找到他们最有价值的位置,而这是由消费者对市场供给的各类商品的需求所呈现的相对模式和强度判断的。竞争的动态性在于,它是一个永远不会结束的过程。在交易平台上,每天都会有新的机会,企业家和创新者可以在市场中测试各种新机会的盈利能力。

因此,在竞争之路上设置的每一个政治限制或壁垒,都会关闭潜在的创造力、冒险精神和企业家发现,而这些本来可以让人们更有效率、更理性地利用市场专业化和在合作的互利关系中彼此依存的人、材料和货币。我们总是在市场自由和政治约束,竞争过程和政府制造的垄断之间做选择。

支持市场竞争,并且反对政治条件下的垄断的一般论点在货币和银行业领域也同样有效。货币可以由市场参与者选定,也可以由政府强迫社会使用,并对其供给和价值进行垄断控制。由市场选择货币的好处在于,它反映了交易参与者自己的偏好和用途。市场过程的参与者将找到可作为交易媒介的最有用和最方便的商品。正如奥地利学派经济学家有力阐释的那样,尽管货币是"人类行动而非人类设计的结果"的社会制度中的一种,货币还是市场中进行买卖的各种人的自由选择的复合结果。

另一种货币是美国经济学家弗朗西斯·A. 沃尔克(Francis A. Walker)在 1887 年所说的"政治货币"。政治货币是由政府决定什么可以作为货币使用，且"被设定为依赖法律或者统治者意愿"来供给。他警告说，在最好的情况下，对政府控制的货币的成功管理将"依赖严格审慎、美德和自我控制，这超出了我们对大众的合理合情的预期，而且我们也发现，这也超出了我们对统治者和立法者的预期"。从长期来看，政府总是会基于各种政治原因而试图滥用印钞机。

但除了政治作恶的危险，实际上，随着时间的推移，市场参与者本可以发现使用某种特定商品作为交易媒介或几种替代商品作为不同类型的交易媒介更利于适应不断变化的目标，可实际中，政府的货币垄断使市场参与者无法轻易发现这一点。货币的"最优"供给变成了中央货币垄断当局的武断决定，而不是能够反映挖掘各种金属并将它们铸造成可用作货币形式的盈利能力的自然市场结果——这种自然市场是出于各种目的使用货币的市场需求者与提供商品货币的市场供给者之间互动的结果。

但正如历史所展示的那样，商品货币在每天的市场交易中是很不方便的，出于安全目的和降低便利交易的成本的目的设立金融仓库确实有一些好处。但在货币和银行自由体制下，市场参与者认为什么样的金融和银行制度才是最有用的和最理想的呢？答案是，我们现在还不知道，而我们之所以不知道，正是因为政府已经垄断了货币的供给：政府通过各种州和联邦法规，强加了制度约束，阻止我们发现一个由自由市场提供和发展出来的真正完善的最佳选择。

在过去的几十年中，商业、贸易和金融中介日益全球化表明这些服务的市场提供者可以在更大范围内提供服务，市场需求较大——远超过去二三十年的市场需求，并且有利可图。即使在这个更加充满活力的全球竞争环境中，不管出现什么情况，市场都必须在国家和国际机构的管制、协议和约束下出现。

假设货币和银行自由已经实行，那么会出现什么类型的银行体系呢？有些货币自由的倡导者坚称一个自由的银行体系应该建立在100%的商品货币储备上，其他人则认为一个自由的银行体系应该建立在部分准备金银行形式上，因为这样的银行结构本质上的竞争性将会制衡个体银行超发纸币。

在货币和银行实现自由之前，我们没办法知道这两种形式中哪一种更好。原因很简单，那就是在现有的政府管理与计划的货币和银行体系下，市场竞争不被允许，金融中介的提供者无法发现什么替代品有利可图，以及货币使用者和金融机构不清楚什么替代品最适合其需求和偏好。

鉴于人们品位和偏好的多元性，人们为了承诺的利息回报所愿意承担的风险程度不同；而且市场条件各异，各类货币和金融工具对特定的国内和国际交易的适应性也不相同。或许这些就是一系列金融制度会一起出现的原因。在这些金融制度中，一部分是100%储备金银行制度，这保证了即使所有的储蓄者在很短的时间内都出现在银行，商品货币存款也可以立即全部赎回。

而其余的金融制度是各种部分储备金银行制度，它们就像一种仓储设施，对存放在那里的商品货币收取更低的费用或者完全不收费。它们的支票账户可能支付不同的利息，这取决于它们的储备金与所发钞票的比例，以及银行在极端情况下满足所有储户立即赎回所有存款的风险或不确定性程度。

有些银行可能提供两种类型的服务：它们可能发行一些纸币和支票，并保证这些纸币和支票有100%可兑现商品货币，也可能会发行其他类型的纸币和支票，在极端情况下，它们并不是100%可兑现的。

而且这些银行可能提供"可选条款"，这些条款规定，如果任何指定纸币或支票在一段时间内不能按要求兑现，那么该钞票或支票持有人将因其遭遇的不便和成本损失而得到一款补偿性利率。

不管大多数银行是靠近100%准备金一端还是远离这一端，在货币和银行系统不受政府管制、计划和控制之前，我们都是不可能知道其效果的。只要政府仍然是货币垄断者，我们就没办法知道市场能够或者将会产生的所有可能的结果。事实上，就我们所知道的而言，市场可能会发现并演化出一种不同于当下最具想象力的自由银行倡导者所能想到的货币和银行体系。

政府垄断货币阻碍了竞争，使得只有在自由竞争时才能被发现的创造性的发展潜力仍然只是不可见的"可能性"。那么，现有的体制怎样才能越来越靠近一种货币和银行自由体制呢？

走向货币和银行自由体制

20世纪最大的悲剧是人们有一种狂妄却无济于事的信念：认为人能够主宰、控制和规划整个社会。人类很难接受这样一种观点：自己的智慧有限，因而不能确切知道如何通过一个无所不包的设计来组织和指导其社会环境。沃尔特·李普曼（Walter Lippmann）在他1937年出版的著作《探讨良善社会的原则》（*An Inquiry into the Principles of the Good Society*）中非常清楚地解释了这个问题的本质所在：

一个思想者坐在他的书房中描绘着他对社会的指导计划，如果他没办法在细节上理解一个社会过程所生产出来的早餐的话，他也没办法进行任何思考。他知道他的早餐依赖巴西的咖啡、古巴的糖、美国佛罗里达州的柑橘、南北达科他州的小麦和纽约州的乳制品；而且这些东西要靠轮船、火车和卡车组合起来运输，并放在铝的、瓷的、钢的和玻璃的瓶瓶罐罐里，用美国宾夕法尼亚州产的煤来烹制。但是，如果这顿早餐在上桌前所经历的每一个步骤都是精心计划的，那么它的复杂程度将超越任何大脑所能理解的范围。只有当一个人可以指望一个无限复杂的工作习惯系统地运转时,他才能吃上这顿早餐,并去思考新的社会秩序。他所能思考的事情对于他必须预先假设的事情而言是微不足道的……对于他所研究的事情,在任何时候,他都只能理解其中很少的一部分;在他能理解的那部分中,他也只能注意到其中的一些片段而已。因此,所有政策和所有政府根本的局限性在于人的大脑只能对世界持一种局部的和简化的观点。经验的大海不能流入智慧的瓶中……人类想象他们能够掌控社会秩序的时候其实是在自欺欺人。他们不过是在社会秩序中插一脚,造成干扰罢了。

货币是一种将其起源和早期发展归功于社会进程的制度,而这些社会进程超出了个人思想可以完全预料或理解的范围。但货币的演化一直都受到政治权威的影响。因为政治权威认为,通过对货币的控制能获取国民财富,所以货币的演化会"偏离"其本可以由市场决定的轨迹。

由于货币被操纵而造成的交易媒介的折损和贬值一直是有历史纪录的。19世纪中叶,英国古典经济学家约翰·R. 麦克洛克(John R. McCulloch)指出:

本国和其他国家的历史都表明,不加节制地将发行纸钞的权力赋予任何一个人或者一群人是从来没有发生过的,但是这也没有阻止权力被滥用;也就是说,钞票发行从来没有处在一个合理的限度之内。

而 19 世纪 80 年代，美国经济学家弗朗西斯·沃尔克发出警告：

> 货币超发的风险一直都威胁着不可兑换的纸币，这条路甚至在悬崖边缘蜿蜒，我们千万不可放松警惕。在群情激发或者在面对紧急情况时，多年的审慎和自我节制一无是处，作用甚微。人们收到了不可兑换的纸币，便永远无法摆脱危险。在一个软弱或草率的政府治理下，在某个商业恐慌的日子，仅仅一个谣言都可能让贸易和生产万劫不复……不仅使用流通（纸）币的群体会永远受到货币超发危险的威胁，货币超发实际发生的那一刻也会引发暴力行为。

要避免这类滥用及其危害，自由的倡导者支持用金本位制对货币扩张施加外部制约，即纸币应该是"可兑换"的，可按需以固定赎回比率兑换成银行票券和支票等。优良纸币的一个显著特点是它可以在任何时间兑换成黄金和白银。同样是在 19 世纪 80 年代，美国经济学家 J. 劳伦斯·劳克林这样说道："一种纸币只有在承诺兑付并可以真正兑付的情况下，才是良币。"

但对政府管理货币的这个限制在 20 世纪被取消了，这源于中央计划盲目自大的心态。在这种心态下，货币完全受货币中央计划者的控制而成为他们设计和主导社会经济事务这一妄想的一部分。

凯恩斯还是认为"由于金本位纯属巧合，它能够'自动调整'，并且它对社会细节的无视"也只是"保守主义范畴的一部分"。因此，最好还是把金本位放在一边，这样一来，像凯恩斯这样智慧而明智的专家就能够指望通过政府来指导经济走向繁荣和完全就业了。

在凯恩斯主义的失败和矛盾逐渐显现出来的时候，米尔顿·弗里德曼等人开始提议对中央货币体制的管理实行货币"规则"。然而，正如加拿大经济学家戴维·莱德勒（David Laidler）所观察到的那样，这样的货币规则只是经济理论家天真的幻想：

> 那些经济模型的人造安全感看似令人满意，实际上都经受不住真实世界中政治的屠戮。货币政策本质上是一种内在的政治事务，而如果我们从一开始就意识到这一点可能会更好。

莱德勒的假设是，货币作为一种政治工具应该被人们接受，而货币滥用的反对者应该"回到战壕中"，利用政府的手段来推动货币政策向他们所偏好的方向发展。

但正如凯文·多德在回应中指出的那样：

> 关键在于……自由银行家声称货币政策问题的唯一答案是彻底废除货币政策，这将消除现在我们呼吁国家纠正货币政策的必要性。

货币中央计划是世上公认的彻头彻尾的中央计划中的最后一点残余。事实是，即使货币政策可以通过某种方式不受意识形态和特殊利益政治压力的影响，也不能成功地集中控制货币制度。政府没办法正确地计划出货币的"最优"数量或合理地"稳定"一般价格水平，就像政府没办法合理地计划出鞋子、香烟、肥皂或剪刀的最优供给和定价一样。

因此，最好的货币政策就是不要货币政策。自由市场的倡导者认为，通过终结所有的贸易管制或壁垒，并允许自由贸易，可以消除市场对货币政策的需要。

他们也认为，国内管制政策的必要性也将随着废除管制机构、废除反托拉斯法以及允许市场引导竞争和交易而彻底消失。

通过废除政府对货币和银行制度的垄断控制和管制，货币政策理论上会变得毫无必要。

正如汉斯·森霍兹（Hans Sennholz）曾简要描述的那样：

我们并不寻求改革法律、复辟法律、改朝换代或均衡权利，也不寻求政府合作，我们只是寻求自由……有了自由，货币和银行业就能创造出稳健而诚实的货币，就像其他的自由产业能够提供给人们高效和可靠的产品一样。货币自由和银行自由是我们必须遵守的原则。

那么有哪些原则呢？最起码，应该包括以下各项：

1. 废除1913年《美联储法案》（*Federal Reserve Act*）以及所有给予联邦政府对货币和银行体系权力和控制的配套法案和相关立法。

2. 废除法币，赋予政府指定债务和其他金融义务需要通过什么媒介结算的权力。正如法拉尔（Farrer）勋爵在其1898年出版的《货币研究》（*Studies in Currency*）一书中所言："一般的合同法在没有任何法律赋予任何特定货币形式和特定功能的情况下就已经够用了。"

个人在他们的国内和国际交易中,将通过合同决定他们彼此认为最满意的支付形式,而这种形式可以满足他进行交易时需遵循的所有财务义务和责任。

3. 废除所有对自由进入银行业和进行跨州银行业运营的限制和管制。

4. 废除所有对私营银行发行它们自己的银行券并开立外币账户或称量黄金和白银的限制。

5. 废除所有联邦和州政府有关银行储备要求、利率和资本要求的规则、法律和管制。

6. 关闭美国联邦存款保险公司。任何银行与其顾客间以及银行协会之间的存款保险安排和协议都将是私人的、自愿的和以市场为基础的。

20世纪20年代,自由市场经济学家托马斯·尼克松·卡佛(Thomas Nixon Carver)曾认为:

在没有暴力的情况下,和平和自由就会存在。和平和自由不需要谁来创造或支持。资本主义发端的条件是没人能够剥夺一个人生产或发现的东西,除非得到这个人的同意。在没有暴力的情况下,资本主义自然存在,就像和平和自由自然存在一样。

在没有政府管制和垄断控制的情况下,自有货币和银行系统就会存在,它们并不需要谁来创造、设计或支持。一个以市场为基础的体制会自然而然地在货币中央计划体制之外出现、形成和发展。

那么随着时间的推移，这个基于市场的体制，其形式和结构是怎样的呢？随着时间的推移，一个自由的私营银行网络能够提供给公众什么样的创新服务呢？那些由市场决定的商品会如何成为人们的选择，并成为最方便和最有用的交易媒介呢？在一个商业和金融的自由市场世界中，人们会供给和需求什么类型的货币替代物呢？大多数银行会选择部分准备金制度还是100%准备金制度呢？

这些问题尚没有，也不可能有明确的答案。正如沃尔特·李普曼（Walter Lippmann）所解释的那样，理解并预测所有市场，并发现自由社会的复杂进程中产生的种种机会，是绝不可能的。正因如此，自由才弥足珍贵。只有自由盛行时，一切才皆有可能。这也是货币自由必须被提上21世纪经济自由议程的原因。

译者后记

埃贝林教授的这本著作于2015年首次出版，其时正处于美国经济自2008年金融危机以来缓慢恢复的阶段。2003—2008年的经济繁荣让人们过度乐观，以为这种繁荣可以持续下去，其中也包括很多美联储的官员。而当危机发生时，市场恐慌所带来的灾难性后果影响了每一个人的生活。人们对政府的期待和指责同时堆积起来，就如同平日里人们对政府表现的怀疑和排斥一样。与中国不同，美国社会自官方到民间都认为政府心怀恶意，其存在只是不得已的"权宜之策"和"必要的恶"。埃贝林教授认为，2008年的这次金融危机的真正根源要追溯到"大萧条"发生前的一个重要历史事件：1913年12月23日，美国国会通过了《联邦储备法案》，该法案标志着美国全国性中央银行系统的建立。美联储的理事会于1914年8月12日宣告诞生，而联储银行于1914年11月16日正式开张营业。这意味着在美国境内由政府委任的单一权威主体开始垄断货币事务。接受传统教育的人几乎会出于直觉地认为货币作为经济中不可或缺的交易媒介必须由当局控制，而"中央"二字似乎具有与生俱来的权威。但在美国人的观念中，大写的"我"与人造的"联邦（中央）"是水火不相容的对立存在，由联邦制定的法律对个体进行约束更是不可接受的对个人权利的侵害。而在经济事务中，再没有哪种侵害比剥夺铸币权的侵害更大，影响更深远；再没有哪种侵害比滥发货币造成的侵害更"合法"和恶毒。

中央银行的职能是什么？当代的中央银行体系已经固若金汤，其复杂的机构和制度设计已经让人们难以看清其本质。那么，让我们在历史中找找答案：埃贝林教授在担任美国经济学教育基金会主席时曾写过一篇总结美国 90 年货币中央计划政策的短文，其中就提到，在 19 世纪的头 50 年里，美国国会至少两次批准建立特许的美国银行（Bank of the United States），而这一机构主要就是为了协助政府借贷，同时也难以避免地成为美国政治腐败的温床，无数政客的朋友和支持者能够从这里廉价地获得信用。而在美国内战时期，林肯总统的政府也设立了一个全国银行系统（National Banking System），其本质也是作为资助政府赤字支出的工具，该系统也在 19 世纪造成了最严重的通胀。20 世纪初，美国开始效仿欧洲建立所谓的现代中央银行体系，即一个由政府建立、政府控制的中央银行体系。在埃贝林教授看来，正是此举造成了美国过去百年来不断出现的"繁荣—萧条"周期，货币的发行受到人为干预和控制，而非根据市场中货币的供需关系自行调节。

对货币数量进行管理，符合所有政府的管理初衷。但认为凭借人力就能完美知悉市场的供需关系细节，并能充分协调和匹配资源，这不仅是不值一哂的经济学幻想，更是完全过时的政策制定基础。不幸的是，这恰恰是当今各国所迷信的理念。

各国政府的好朋友、经济事务的权威顾问凯恩斯就是这种理念的倡导者之一。他的干预主义延伸到经济政策和人们经济生活的各个方面，其对政府在经济事务中的掌控地位之强调不亚于力推一位厨师出任养猪场的经理人。埃贝林教授这本书贯穿始终的就是对"现代货币理论者"，或者所谓新凯恩斯主义者所兜售的"万灵丹"的批判。他不仅从奥地利学派经济理论层面对货币中央计划进行了分析，还以历史发展的脉络为叙述顺序，总结了各个历史时期的教训。作为著名的奥地利学派经济学家，埃贝林教授遵循并发展了奥地利学派的货币理论和商业周期理论，通过对由货币扩张和利率操纵导致的人造繁荣及其不可避免的破灭之分析，廓清了人们对大萧条和当代经济危机的误解：并不是什么市场经济的内在因素，而是大规模的经济干预，主要是货币政策，造成了经济危机这一恶果。

在我看来，埃贝林教授所做的是从经济政策的角度破除一种由来已久的迷信，那就是对中央权威的迷信。而仅仅这一个角度的例子就足具说服力。历史上，试图通过印发无担保纸币或金属货币来摆脱经济衰退却最终造成灾难的例子不胜枚举，比如，图密善皇帝统治下的古罗马、路易十五国王的摄政王奥尔良公爵治理下的法国、推行殖民地印发信用券政策时的美国，等等。近现代的例子更是骇人，魏玛共和国的超级通胀，20世纪诸多国家发生的用小推车推着钞票去买日用品的场景，以及更新的例子——委内瑞拉发生的超过 700% 的大通胀，等等。将生计之务寄望于一个掠夺型的中央政府，这是无知与愚蠢的完美体现。希望这本书能够帮助读者厘清思路，认识各国货币中央计划当局的建立初衷与本来面目。

2018 年 10 月，我到西班牙大加纳利岛参加朝圣山学社年会，并见到了埃贝林教授夫妇。在欢迎酒会上，我们交谈了很久（图 1 为教授与我的合照）。在对中国学者翻译这样一本书表示欢迎和支持之余，他很担心书中提出的主张是否对中国有现实的指导价值。在会议的一个正式环节，当我们讨论"哈耶克和米塞斯：我们仍是'一群社会主义者'吗？"这一议题时，埃贝林教授热情地与听众分享了他对两位奥地利学派先驱的敬仰，同时指出他们的理念并没有被成功地践行。会后，我又与他提起这本书最后几章对自由银行和货币与银行体制自由的讨论，认为他提出的主张

图 1　2018 年 10 月，作者和译者在西班牙参加朝圣山学社年会

其实并不是一条未曾实现过的新的道路，而更像是一条唯有通过正本清源才能回归的"未选择的路"。他不禁莞尔一笑，说道："或许我们不是一群社会主义者，但我们仍是一群在别人看来天真无知的理想主义者。"我想，理想主义者与现实主义者的根本区别在于苦难的教育在他们心中埋下的对未来的期待。如果当今的年轻人没有对自由的期待，那么现实主义仍会主宰未来，并主导不断制造灾难的政策制定过程，那么"理想主义者"将一直是一个贬义词。希望这本书能够证明，基于自由的竞争性货币体制将给"理想主义者"一个褒义的诠释。

马俊杰

2018 年 11 月于北京